U0448939

寻海拾光

第二届海峡两岸青少年共享阅读活动作品集

申显杨 主编

海峡出版发行集团 | 海峡文艺出版社

图书在版编目(CIP)数据

寻梦拾光:第二届海峡两岸青少年共享阅读活动作品集/申显杨主编. —福州:海峡文艺出版社,2019.8
ISBN 978-7-5550-1963-3

Ⅰ.①寻… Ⅱ.①申… Ⅲ.①海峡两岸－青少年－读书活动－文集 Ⅳ.①G252.17－53

中国版本图书馆 CIP 数据核字(2019)第 162408 号

寻梦拾光
——第二届海峡两岸青少年共享阅读活动作品集

申显杨　主编

责任编辑	蓝铃松
出版发行	海峡文艺出版社
经　　销	福建新华发行(集团)有限责任公司
社　　址	福州市东水路 76 号 14 层　　邮编　350001
发 行 部	0591－87536797
印　　刷	武汉市盛宏源印务有限公司　　邮编　430000
地　　址	武汉市硚口区下铁大厂路 141 号
开　　本	700 毫米×1000 毫米　1/16
字　　数	180 千字
印　　张	14.5
版　　次	2019 年 8 月第 1 版
印　　次	2019 年 8 月第 1 次印刷
书　　号	ISBN 978-7-5550-1963-3
定　　价	68.00 元

如发现印装质量问题,请寄承印厂调换

本书编委会

主　编：申显杨
副主编：陈毅振　郑婷文
编　委：陈炳泉　潘丽珠
　　　　陈忠坤　汪　凯

第二届海峡两岸青少年共享阅读活动行前会

第二届海峡两岸青少年共享阅读活动行前会合影

活动成员
抵达厦门五通码头

2018年7月15日，活动成员进行自我介绍

2018年7月15日，
活动成员进行自我介绍

在厦门北站台湾青年双创基地合影

2018年7月15日，活动成员参观厦门北站台湾青年双创基地

台湾青年双创基地工作人员
为同学们讲解台湾学长在厦门的生活

· 03 ·

2018年7月16日，
参观同安孔庙

2018年7月16日，
讲解员为同学们讲解孔庙历史

2018年7月16日，
台湾师范大学
潘丽珠教授
讲解朱熹理学思想

· 04 ·

同学们在同安朱子书院聆听国学讲座

同安文史专家颜立水老师为同学们讲朱子历史

在朱子书院前合影（一）

在朱子书院前合影
（二）

2018年7月17日，
在鼓浪屿钢琴码头合影

同学们在鼓浪屿
欣赏音乐表演

2018年7月18日，游览漳州二宜楼途中

2018年7月18日，游览漳州二宜楼

在漳州二宜楼前合影

2018年7月19日，在余光中文学馆合影留念

周梁泉馆长为同学们讲解余光中文学馆历史

周梁泉馆长向同学们讲述余光中与文学馆的故事

周梁泉馆长引导
同学们参观余光中手稿

周梁泉馆长为同学们介绍永春非遗文化

· 09 ·

在福建博物院合影

在福州合影

2018年7月20日，同学们集体参观林则徐纪念馆

2018年7月17日，大学组读书分享会

2018年7月17日，
中学一组读书分享会

2018年7月17日，
中学二组读书分享会

· 11 ·

2018年7月17日，林语堂《生活的艺术》读书分享会（一）

2018年7月17日，林语堂《生活的艺术》读书分享会（二）

中学二组举行林语堂《生活的艺术》读书会

2018年7月19日，
余光中文学馆
《听听那冷雨》
读书交流分享会

2018年7月20日，
创作分享会

2018年7月20日，
活动主办方领导
为同学们颁发
荣誉证书

· 13 ·

同学们接受记者采访（一）

同学们接受记者采访（二）

同学们接受记者采访（三）

同学们接受记者采访（四）

同学们接受记者采访（五）

活动成员接受记者采访

精彩纷呈的交流晚会（一）

精彩纷呈的交流晚会（二）

精彩纷呈的交流晚会（三）

精彩纷呈的交流晚会（四）

精彩纷呈的交流晚会（五）

精彩纷呈的交流晚会（六）

充满欢声笑语的交流晚会(一)

充满欢声笑语的交流晚会(二)

充满欢声笑语的交流晚会(三)

充满欢声笑语的交流晚会（四）

充满欢声笑语的交流晚会（五）

充满欢声笑语的交流晚会（六）

说声再见

不舍

再看一眼

目 录

大学组

一湾浅浅的海峡	陈丹蓉	(3)
我的闽台情缘	黄伟虹	(8)
根	刘晨卉	(11)
那山那人那感	刘杜娟	(16)
山海屐痕处	刘曼钰	(20)
找呀找呀找……	齐利	(27)
拜访余光中先生	王泽坤	(32)
行　路	杨祖望	(36)
共享书旅	张欣然	(41)
有趣的灵魂来相聚	卓柳婷	(45)
回家的路	陈宣丞	(50)
回　归	陈蓣芮	(55)
旅行的终点	黄莞筑	(59)
记得歌时，不记归时节	黄宗智	(63)

问姓惊初见　称名忆旧容	唐明秀	(69)
闽游情缘	吴佳颖	(74)
七闽山水多灵秀	徐意涵	(78)
福建文化行旅	杨宴姗	(87)
透过镜头	游皓颖	(93)
仲夏闽南之游	朱芳廷	(97)

中学组

短旅福建	赖秀梅	(105)
旅人啊，你要去往何方	李嘉璐	(110)
致　你	李婉圮	(115)
故　乡	林晨丰	(119)
旅程中的点滴	刘明婷	(123)
在路上	卢子昂	(127)
每个人都是一封待寄的信	欧阳志锐	(132)
风花雪月终了情	汪　韬	(136)
重识福建	谢雨欣	(140)
信的两头	郑舒尹	(144)
浪	曹若榆	(150)
俗　客	陈采翎	(154)
自言自语	洪孟杰	(160)
朦　朦	江宛桦	(165)
妈祖的祝福	刘智旻	(170)

北纬24度的跫音	罗少君	（174）
夜　曲	苏筠乔	（178）
福建之旅中，我带回……	吴宜湘	（187）
心之土楼	谢德宽	（193）
初　见	姚俐安	（199）

后记 / 203

第二届海峡两岸青少年共享阅读活动

· 大学组 ·

大学组

一湾浅浅的海峡

□ 陈丹蓉（福建师范大学）

  那日五通码头一别，我噙着泪，夸张地咧起嘴，疯狂挥手与你告别。你没有回头看我，只是推着行李箱径直向前走。我心里很明白，你哭了，你把不舍和煽情的离别之语都藏在了黯然的背影里。

—— 记台湾小伙伴和祖国大陆小伙伴的一次暂别

离 别 日

  "陈，快来拍照。"
  "啊？大早上拍啥照呢？"
  "七天的每日一照呀。"
  这是我和唐在此次行程最后一个早晨出门时的对话。原本是我每日厚着脸皮邀唐一起出门时在镜前自拍，没想到这个惯例的最后一次执行反倒是唐主动的。

今天是整个行程的最后一天，我们的任务只有一项——欢送台湾小伙伴。回程车厢里笼罩着低气压，趁着唐摇摇晃晃地在车上打盹，我悄悄拿出昨日在三坊七巷买的木梳夹进了她的书里。我将祝福同木梳一起送给她，希望她能在每次梳妆时，甜甜地回忆起关于我和她的这段七日友谊，希望它能拂去她的三千烦恼丝……

很快，我们的车到了五通码头，马上便要离别了。大家在乘客等候区胡乱地拍着合照。

而此时，我随意敲打着键盘，电脑桌面上的相册整整齐齐地平铺着那日的几张大合照，每一张我们都挨得很近。

"请前往金门的旅客抓紧时间通关！请前往金门的旅客抓紧时间通关！"分别的这一刻还是来了，我来不及说完老嬷嬷式的"照看好行李"之类的叮嘱，你便已经推着行李箱，过了通关口。于是，我还是不放心地请求同行的小伙伴路上多多关照你，你发来微信说谢谢。我知道，此时的你已经开始低落，开始想念我这个祖国大陆小闺蜜了吧！

三坊七巷·百家姓

海峡大陆一脉相承，你姓唐，我姓陈，我们都在百家姓里。

三坊七巷的一小时自由活动时间，你偶然发现了各家纪念品售卖店门口都摆放着的百家姓木筷。你很快找到了印着自己姓氏的木筷，你也想要给台湾的男友带回印有他的姓氏的木筷。可是，我陪你找了一家又一家，直到你的刘海被酷热打湿，我们也没能找到。我知道，你很在意那双筷子，你花了一早上寻找，而希望却落了空。不过没关系，有一天再见你时我会送你一双筷子。

永春·余光中文学馆

今天再读余光中先生的《乡愁》，诗里一句淡淡的"乡愁是一湾浅浅的海峡，我在这头，大陆在那头"，竟如此轻易地勾起了我对你的想念。

我还记得那日我们参观余光中文学馆，你我不约而同地驻足在正在放映《珍珠》这首诗的电子展台前。我们大概都被余老先生那极细腻的罗曼蒂克所折服。我知道，当时的你定是在脑海里闪过了许多甜美的人生幸福画面，你企盼着能够有一位先生也为你穿一串美丽的"珍珠"。从此，在关于余光中先生的文学作品的印象中，台湾女孩和大陆女孩除却耳熟能详的"乡愁"之外，她们开始读到这样一串"珍珠"。

走笔至此，我想起今日你便要从台北启程与男友去冰岛游玩，便为你传去短信一封：此去愿君安好，一路平安。福建好友甚念。

漳州·永定大土楼

那日艳阳高照，我俩只好一路轮流撑着阳伞，而你总是在我手酸之时体贴地接过伞柄。一路上，我们真是无比相亲相爱。

参观完享有世界文化遗产之誉的大土楼，颇受震撼的我们一路上开始交谈起来。

"客家人的祖先真是太伟大了，为了保护自己的家族，竟如此智慧地建造了圆形大土楼。"

"那可不是？刚刚导游说这么大的建筑要花费三代人的精力才能完成。"

"是啊，闽南这一带不但注重香火延续，更注重宗室之间的相互照顾，这一点从闽南人的生意之道也可察一二。"

"土楼的建筑真是太宏伟了。"

厦门·鼓浪屿

"陈,你帮我拿一下伞,我去拍一下照。"这是今日鼓浪屿一游,台湾小伙伴唐对我发出的最频繁的请求。我知道,这座"万国之岛"深深迷住了唐。可不是吗?由于历史原因,中外风格各异的建筑物在这座岛屿上被完好地汇集、保留起来。此岛不仅有"万国建筑博物馆"之称,更是音乐的沃土,拥有"钢琴之岛""音乐之乡"的美名。可谓是"鼓浪悬帆今胜昔,堆金积玉慨而慷",从而使得唐一遍遍惊叹各式异国建筑,一次次按下快门去记录下眼前的静好。

▲7月16日,两岸学子阅读朱熹理学相关图书

朱子书院

"黎明即起，洒扫庭除，要内外整洁，既昏便息，关锁门户，必亲自检点。一粥一饭，当思来之不易；半丝半缕，恒念物力维艰……"我们并排坐在厦门的朱子书院里，轻念着朱子家训。我和你说起我在泉州念中学时，曾在班上同学的家里读过这篇家训，当时家训是被裱起来，挂在他家的墙上的。

闽南人从来都十分注重文化教育，自然不会疏于家庭教育。朱子家训集儒家做人处事方法之大成，思想根植深厚，乃至到了今天也通用，它具有独到的现实意义。

此时的我，伴着雨声，蜷着身体，坐在电脑前敲着键盘。我试图回忆什么、记录什么、表达什么，但充斥在我脑海里的却只有残碎的片段。大抵是晨起我们相互道了声甜甜的早安；或是你迫不及待打开行李箱，拿出台湾带来的零食和礼物与我分享；又或是我们凌晨卧谈，导致次日挑战五分钟吃早餐……此时，暧昧的七月雨滴答着，而我的想念将伴随着这雨，从八闽大地流入这窄窄的台湾海峡，带到你身旁。

我的闽台情缘

□ 黄伟虹（厦门理工学院）

行走在七月鹿港的小巷中，一路穿过老街。

红墙燕尾的古厝，斑驳的砖墙，熟悉的闽南话，卖着香火的小杂货店，香烟缭绕的妈祖庙，香案前虔诚叩拜的老妇人……在曲折蜿蜒的小巷里，我左顾右盼。古厝门前悬挂着古朴的灯笼雨伞，大门两侧的春联经日晒雨淋，红纸脱落、色泽已褪，墨迹也变淡了；两扇斑驳的木门虚掩着，在阳光映照下，呈现出或明或暗的光影。一路漫行，一幢幢古厝门楣上的"西河衍派""岐阳衍派""浔海衍派"等牌匾，它们流淌着的是鹿港镇人对自己祖脉源流的追思与认同。

古厝中隐约传来叶启田《故乡》的歌词："有几间厝，用砖仔砌砌，看起来普普通通，时长出现我的梦中，彼就是我的故乡。住一阵人真正善良，面上拢带着笑容，安分守己士农工商，彼就是我的故乡……"红砖赤瓦，燕尾山墙，出砖入石，镶嵌着精美木石雕刻装饰的古厝是我小时候生活的地方。来到鹿港，有种他乡即故乡的错觉，因为这里和我的故乡——泉州太像了。

恍惚回到小时候在古厝度过的那一段短暂而美好的夏日时光。

木香花开在天井，长成攀缘的小灌木，向着天空伸展开去；花猫躺在石阶上慵懒地伸着爪子；石头埕里，睡莲举着洁白、水粉的花瓣；红砖厝里，朱漆的木柱泛着黑，夏天的骄阳，对准天井，直直洒下一片光。淡淡的夏风里，阿公们在回廊里大口喝茶，一起说说笑笑。阿嬷们在厨房里操持着一家的早餐，地瓜粥、花生汤、面线糊，应有尽有。孩童们在古厝里嬉戏玩闹，坐在古厝的石阶上、门槛石上，嘴里哼唱着童谣："天乌乌，卜落雨。阿公揭锄头，卜掘芋……掘着一尾旋溜鼓。阿公卜煮咸，阿嬷卜煮淡，两个相拍拚破鼎……"

我打开浏览器，寻找关于鹿港的信息，词条显示鹿港是当年泉州居民迁徙来台的最早落脚点，号称"小泉州"。

彼时，我会心一笑，终于知道心中的熟悉感从何而来了。

读过安妮宝贝的一句话："那些离别的伤痛，已经沉重得发不出声音来了。"时隔几日，再回想起和台湾小伙伴们一起拥有的七天时光，仍旧因思念发不出声来。

我坚信，在这茫茫人海中，一定是有特别的缘分，你我才能因为海峡两岸青少年共享阅读活动相遇。初见时，四目相对的一刹那，我们会心一笑。因为我们的相遇是如此美好与奇妙。离你们近了，便是离快乐近了。在短暂的七天里，我们一起行走，一起阅读，一起分享。

人世间最令人感动的是什么？是遥远的相似。我们都是这宇宙中的一粒小小星辰，却可以将彼此感应到的光芒化为友情。

就这样，故事从五通码头开始了。一路上我们走走停停，充满欢声笑语。

几乎每天晚上我们都会三五成群一起坐在房间聊天，一起追溯各自的过往时光——那些让我们爱、让我们恨的师长，那些迫不得

已的离别，那些我们想说却来不及说出口的话。我们各自的经历是如此相似，我知道是怎样的经历让我遇见了如今美好的你。

最后一个晚上，我和高中组的弟弟妹妹们一起聊天，一起写卡片，一起给对方写寄语。离别的气息悄然而至，大家都有些伤感，希望时光能够慢些，再慢些，让我们有充足的时间来了解彼此，来分享彼此那些还没有诉说完的故事。

做了一晚上分别的心理准备，在五通码头安检口分别的那一刹那，我们还是没有忍住泪水。我嘴里还在跟孟杰念叨着一定要记得想我时，下一秒眼眶中突然掉下泪珠，湿湿地划过我的脸颊，在干燥的皮肤上留下一道曲折的线。

"有空一定要来台北找我！"

"我带你去彰化逛一逛！"

"姐姐，我带你去台湾清华大学！"

围绕在我耳边此起彼伏的再见和祝福，是我们对彼此的珍重。

七月，是我们相遇相知相熟相别的日子，我会把回忆珍藏起来，每一次回想起来一定都是最美好的记忆。

我始终相信，前世五百次的回眸，换来今世的一次擦肩而过；前世五百次的擦肩而过，换来今世的一次相遇；前世五百次的相遇，换来今世的一次相识；前世五百次的相识，才换来今世的一次相知。我们的缘分未完，待续！

不相见，即思念。

根

□ 刘晨卉（集美大学）

启程之前，我又拜倒在妈祖脚下了。"佑民赐福镇安嘉，蕃舶梯航尽沾恩。"数载春秋，我看见宝岛的亲人虔诚前来，捧持妈祖的神像与香火而归，这使我愈发渴盼她所庇护的同胞出现在我面前——

初 遇

我甚至可以想象你们来时的模样。骄阳杲杲，海水澄亮，浪花层叠卷涌，一如远道而来的祝颂。世代相承的血液同灵魂交合，灌入心房，凝成不朽的赤诚。直到我将你们看得真切，眼眸里闪烁着台湾风物浸润而成的温婉，却也饱含洞明世事的锋芒。你们周遭皆是于我无法解脱的情结，以及那个百转千回的、关于"根"的执念。

鹭 岛

"闽学源头，文化同安"，朱子书院内的聆听今朝仍驻在我的耳际。时年二十四岁，朱熹做主簿于此，始为仕途开端。他"敦礼义、厚风俗、劾吏奸、恤民隐"，并整顿县学、倡建"教思堂"，在文庙大成殿倡建"经史阁"。在胭脂窗前支颐静坐，我们仿佛正同元晦先生对话，看他怎样经历"逃禅归儒"的重要转折，并最终成为理学的集大成者。翻阅文集，朱子右眼角的七颗黑痣有如北斗七星，始终指引着我，往"理"的更深处漫溯。

集美鳌园之于我，是崇高之所在。游廊、集美解放纪念碑、陈嘉庚陵墓，红旗曼舒，干戈高擎，是为了让我们铭记"华侨旗帜，民族光辉"之精义。纪念碑前的照壁上刻"博物观"三字，有十二块浮雕，其间嵌有中国地图和福建省、台湾省三幅地图，它们饱含了陈嘉庚先生期望祖国统一的深情。这位华侨领袖倾资兴学，以生

命诠释"爱国"。四向通透的中式廊庑，镶着五十八幅记载有历史人物故事的青石镂雕，以及字体迥异的名家书法楹联题刻，庄重而精湛。一路游览完，与我同行的台湾伙伴留恋道："帮我跟鳌园拍张照吧！"我欣然应允，举起手机，将她甜美的笑容框入鳌园慈爱的怀抱。

浪漫是我对鼓浪屿的第一印象，再次登访，我又领悟了另一番韵味与风情——真切。路边的吉他弹唱者温柔地拨弦诉说，使人甘心付与他一整天的时光；雅致精巧的教堂像是不渝的誓言，伫立成永恒的姿态；钢琴博物馆神秘而古典，使我尊以朝圣般的肃穆；菽庄花园藏海一方，转出月洞门豁然"海阔天空"……我向这方海域远眺，白鹭满洲，安谧、悠远，正如《闽南传奇》的第一幕。

土　楼

此刻我就站在你面前，我朝你的耳朵——"传声洞"呼唤你的乳名，抚摩你粗糙、厚重的身子，打心眼儿里喜欢你这副古拙淳朴的模样。你不是"恒温动物"，却冬暖夏凉，因此我钻进你肚里，贪恋你不吝赐予的清凉。原来你藏了好些宝物：香溢四邻的糍粑、工艺良巧的编织钱袋、手作烟、沁人心脾的花茶……每户人家门前的板凳儿都流露出"诚恳"的目光，使我移不动道，定要同他们交个好。热情豪爽的客家主人邀大家进屋喝茶，养颜的、补肾的，无一不倾注其真心实意，叫人怎不快活？返回途中，还有"蜈蚣吐珠""狮子踢球"的拿手好戏，只羡天公高高在上，"眼福不浅"嘞。

余 光 中

  我来自永春，我知道他在这里，他的"根"在我脚下的这片土地。他乘着乡愁之船飘来荡去，却又不似无所皈依。这位清癯而峥嵘的诗坛守夜人，脸上总挂着令人安宁的宽容，身上总散发叫人崇仰的灵性。沿着纪念馆的墙边徐行，俯身阅览他整洁利落的手稿——"直到朝霞转成了夕锦／空洞的蓝水晶结成黑水晶／整个宇宙都暗了下来／只为木星，太阳族体面的血亲／难得赫赫过境的远邻"。他的浩瀚思念叫每一个前来参透的读者扼住咽喉，屏住呼吸去揭开一层又一层的封印，直至找到最深的痛点，那便是亘古的"冷雨式"乡愁。支颐、锁眉，继而触摸，终是一场缥缈虚无。《乡愁四韵》里，长江水使他心醉，海棠红使他烧痛；雪花白象征家信，腊梅香代表母亲。一旦知遇这样的悱恻与凄楚，吟唱起来便无法休止。

英 雄

  跨入福州老城区，接连做了两场古梦。林则徐虎门销烟，我在现场。他会同邓廷桢等传讯十三行洋商，责令转交谕帖，命外国鸦片贩子限期缴烟，并严正声明："若鸦片一日不绝，本大人一日不回。"然世事岂能尽如人意，经过曲折斗争，他挫败英国驻华商务监督义律和鸦片贩子，收缴全部鸦片近两万箱，最终于虎门海滩上销毁。坚韧与刚毅如他，尽显高节迈俗与铮铮傲骨。"面貌如玉、心肠如铁、心地光明如雪，称得上奇男子"的林觉民血溅广州天字码头，英勇就义。将他葬入黄花岗墓园时，墓道两旁苍松翠柏，满园黄花辉映碧血，哀哉恸哉！倏忽间，我被晕眩吞噬，燠热中苏醒已是石器时代……

告　别

　　从码头到码头，不是往复，而是重生。我带着妈祖的双眼目送他们，看他们将"根"携回海峡的彼岸，只觉无憾。

　　"天涯共此时"，我们永远一体。

那山那人那感

□ 刘杜娟（厦门理工学院）

"草在结它的种子，风在摇它的叶子。我们站着不说话，就十分美好。"有人说，世界上所有的相遇都是久别重逢，那么一生之中能有多少机遇可与你共度——看门前风景，品枕上诗书？

文人之情　土楼之感

福建是美的，不仅是她的优雅地表——毗邻海峡的位置，更有她的内在质感——人与楼。林觉民故居，长廊、翠竹、厢房配合自然适度，天井两旁为自成院落之形，给人舒适之感。冰心在《我的故乡》里说，我看着就想起北方典型的四合院，然而北方的四合院里涌动大片的阳光，喧闹着的人声，只有在夜深人静时黄黄的毛月亮才摇碎一地槐花的清香。这里是安静的——青石板铺地，假山点缀，花木扶疏。临窗一角，竹影摇曳，梅溪沁寒。这幽静的居

处是主人寄托心志的场所，可能任意一人来到此地内心都会归于宁静吧。

在三坊七巷的老街与小巷里，我望着没有尽头的小道，与同伴嬉戏游历。在听老师讲述岁月之际，我思绪万千。林则徐严禁鸦片，抵抗西方的侵略，坚持维护中国主权和民族利益；中国"船政之父"沈葆桢引进西方科技，成为我国近代教育和近代海军的创始人之一，他脚踏实地、不遗余力地将林则徐、魏源提出的"师夷长技以制夷"的主张付诸实践，为推动洋务运动付出一己之力；林旭是"戊戌六君子"之一，他追随康有为参与维新变法，历时百日，年纪轻轻，终被杀害；此外，这条承载了太多故事、被称为"中国半部近现代史"的老街还曾是冰心奶奶喜爱的地方呢，她说这里是她的乐园……

▼7月19日，余光中文学馆《听听那冷雨》读书交流分享会

土楼"二宜楼"依山傍水,楼背后层峦叠嶂,近处山丘绵延透迤,宛如蜈蚣缓缓爬行;山前地势平缓开阔,两条清澈的小溪于楼前交汇后直奔西南而去,小桥、楼阁、翠竹、村舍点缀其间,风光秀丽,青山绿水与大楼黄墙黑瓦交相辉映,浑然一体,故称"宜山宜水"。乡人一句"三分靠像,七分靠想象"逗趣众人。踏入历经三代人修筑的土楼,看到寓意平安的苹果状排水口,精心设计的逃生出口,我们惊叹于先人智慧的同时,又不禁想到被山贼侵扰的他们是如何与家人相爱相守的?

见面之初　归于本心

有的人一见如故,初见时的欢欣与惊喜,有礼有节,一颦一笑,都让我的心适时安定,这可能就是海峡两岸同胞生来的亲近之感吧。想起四年前的我,不对,再往前推,高中时期我就向往来到厦门这座城市,独自远离家乡到厦门求学,可以常常望着那片海,想象着对岸的人,怕是和我一样,对家乡、对故土、对大陆有着一份独特的眷恋吧;每每走在街上,独自幻想留恋故土,便到路边绿丛抓一把土,以鼻深深一嗅,感受着大陆的土地,便能轻触到家乡了吧;想象在对面小岛上的人儿,看见这水,顺手一摸便触及了大陆,传递着归心之感。作为一个大陆人,这次难得的出行,与台湾朋友的交流,在福建这座城,与可爱的小伙伴们一同感知、游历、体验,身与心,情与景,体与感,对我来说都是一种畅意。

欣然前往,这场旅途最难忘的就是那些可爱的人吧——有初次相见就被妙音吸引的老乡,有拥有曼妙舞姿的俐安,有电竞小公主采翎,有瑜伽妹子丹蓉,有表现力强的明星弟弟,有热情有趣的学妹,有直爽帅气的葳芮,有舞姿性感的宣丞,还有我们的"新世纪八宝粥三人组":高挑漂亮的芋头欣然,与我同住同行的地瓜菀筑……

  我走过许多地方的路，行过许多地方的桥，看过许多次数的云，喝过许多种类的酒，却只遇见独一无二的你们。

一湾海峡　一颗归心

  喜欢相遇，却又害怕离别。

  七天到了，不知你们是否同我一样，迫不及待地想回到家人的身边？尽管我们可以像风筝一样徜徉，有一根叫作"家"的线却始终在牵着我们。

  看着这一湾海峡，总想起余光中老先生"掉头一去是风吹黑发，回首再来已雪满白头"的感叹。红尘陌上，独自行走。在我心里，不愿刻意区分大陆与台湾，我们有着一样的皮肤，一样的头发，一样的语言，一样的根。距离割不断血脉，差异抹不灭情感，纵使你我相隔千里，也会记得那时我们关于梦想、关于文学、关于历史的旅行。

山海屐痕处

□ 刘曼钰（集美大学）

从我看见那轮海上明月又生的时候起——如一串佩玉，琳琅地在心头清鸣——我便站在鹭岛这头翘首望，望相逢的时刻。席慕蓉说，前世无数次的回眸只换得一次匆匆擦肩，那么这是多难逢的一次机缘，让一个来自朔北吕梁山远远求学的客子（这盛产磐石琼玉的故山，也造就了我的名字）得以踏游闽地山海——与隔海相望久，未得识姓名的伙伴们一起相聚伴游——辗转七日，访寻八闽，新塔古寺，泉岭山林，留得日长夏好，处处草木屐痕。而那些昨日山海屐痕印留之处，再忆，竟径自生花，盛了盈盈诗意。

"同民安"，一付衷愿名一城

"同安？同安——"我仰头望着那匾额，"是一付衷愿赤诚，便命名了一座城吗？"

初识同安之名，踏寻古县的第一步就在朱子书院。刚站定，一仰头就看见朱熹手书三字挂得高高——那是好端正的"同——民——安"。"同安，好一个与民同安！"当即心下一触动，不禁孩子似的问出声来。

书院四面是仿旧的木格门，正午阳光恍惚。仿佛要急急答我似的，蝉鸣破窗而入，染绿乌匾上摇晃的竹影。一枝一叶总关情。其实细考证来，这名字的由来未必这样简单，但我望着这三个字，只要望着，便触到古人浪漫的大同世界。自"五四"运动以来，对儒理虽批判甚多，然而胸怀柔情，对土地生民的安好祈愿，却不能不动人。"大道之行也，天下为公。"（《礼记·礼运》）书院外头人来人往，车马奔波，有巨幅的英文海报与流行歌的喧闹声，亦有贫苦者乞讨声。这几个字，以极淡泊的呼吸，停留在这里。而这来访的异乡人念一声地名，就如一声颂自千年前的祷愿，真挚深沉。

"一家哭何如一路哭？"朱子书院里，馆长讲着朱熹在同安任官时的公廉，讲朱熹如何南康救荒、弹劾贪吏，嘴角流露出掩不住的自豪。我对理学家认识不深，听了以后却仍震惊。因为朱子，彼时辽远的东南之地竟也儒学大盛，崇孔作礼开化百姓，堪称南方邹鲁。待我们熙熙攘攘涌进文庙，庙旁奔流的河清得见底，夕阳斜照逐水潺潺东去。同安，同安，护佑生民，天下大同，忍不住的思古情怀如江中兼天而涌的波澜，忽焉而至。我欲问，问明朝张牙舞爪的石狮子，问蟠柱的雕龙，问庙门口丢了碑的赑屃；指尖摩挲着宋朝的碑铭清朝的刻文，一字一句，粗砺，古朴，典雅。殿里偌大的彩塑儒贤像都静默，能回答我的只有两侧的礼器了——青铜壶鼎，管琴钟缶。一架悠悠晃着的编钟象征权力雍容，却自持、低沉，不欲争响。在儒家的治世理想中，制礼与作乐同质，通向和谐而有序的天人之境。伙伴们在庙祠里围着古老的、已沉在历史沟壑的"儒"兜兜转转，当作古玩，连连赞叹精美——宗白华先生却说，"中国文化的美丽精神"不会消散，那就是和谐、有序、向生、安宁。

　　离开的时候我频频回望，看那面写有"同民安"的牌匾，在一片拥有千年深厚的柔情里，默许下一声于此地同名的祝祷。这祝祷将与在庙中供奉的钟鼓丝弦遥遥共鸣——它是这座城的名字，是每一个热爱故乡者的夙愿。我踏访八闽山海，首先来到了同安，要先为这片土地与人献上虔诚祝福。

一个圆，围起来的生生世世

　　我从未到过土楼。家乡三晋的窑洞倒是依土而建，于是对同样依恋土地的"土楼"之名颇有好感。出发的前一夜，我躺在床上想象土楼——一座一座落在山林，圆圆的模样……《淮南子》说中国的天和中国的地都是受过伤的，女娲补了天，又折了神鳌的腿垫地。那么土楼是怎么来呢？——也许人类的老祖母低首补缝着大地的伤痕时，忽然一枚戒指骨碌碌掉在地上，还未来得及捡，就已在

树林、田边、翠峦上轰然成垒，刹那间已是千丈——紧紧围住的，不再是一根皲裂的手指，而是儿女子孙，生生世世。

带着想象与期待，我们终于来到著名的华安大地土楼群。眼前巨大的黑瓦黄墙，门额石匾镌刻的"二宜楼"三字，似瘦金体，又稍逊劲拔，自成一格。导引我们的阿姐是这户姓蔡人家的媳妇，大斗笠下的面容黝黑却很健康，靛蓝衣裾，笑起来如山花般鲜艳。我也跟着笑起来。"欢迎来到客家土楼！"

二宜楼依山傍水，四处山丘绵延逶迤，宛如蜈蚣攀爬；山前地势平缓开阔，两条清溪于楼前交汇后直奔西南而去；小桥、楼阁、翠竹、村舍点缀其间，青山碧水与黄墙黑瓦相映，浑然一体，又宜山宜水，不负"二宜"之名。"吱呀"一声，推开厚厚的门，阿姐引我们跨过及膝高的门槛，一路道来土楼构造的妙处。门顶小小缝隙用来消防灌水，墙壁上得以里外传应的传声口，苹果样子的排水洞象征"平安"，院子中央呼集族人的"鼓声石"……这些皆是天与人共生的智慧与和谐。

土楼外表给人的第一眼印象是色彩单调。但我们越往里走，却越发觉得它靓丽——黑黄的基调，是男子胸怀大地般的朴素与厚重，而姑娘们的刺绣偏要撞色大胆，绵密、泼辣、鲜艳，用力饱和，一朵朵大红、大紫、金黄的牡丹，衬了翠叶凤鸟，惹人眼前一片明丽。底楼的梁上倒悬着一把把胭脂色的伞，阿姐说这样节省空间；上面绘一枝枝热热烈烈的花，一走廊开下去，同行的女孩儿们热闹地拍照——曾被"围"在楼中的客家女孩儿们，也曾悬伞候春归吧？于是边走边看，有红的对联、红的灯笼，还有红的一挂蒜悬在家家房门口，粒粒饱满，撑破红的蒜皮。坐下来品茶色清黄，一幅一幅编织品斑斓地挂起来，招待我们的客家女们热烈地笑，我才明白——土楼才是色彩真浓烈的地方呢！

待一个人闲站在院中仰望，四面围圆如井。不同的是人在井底，在这天圆地方里听蝉鸣如网，撒自一泓如海的蔚蓝。缓缓移

步，那井口又成了一只半寐的眼睛，千年风云流荡，岿自静默。岁月拂过土楼沧桑，我听到的是沉默，甚至也许终究失落。

　　有多少故事呢？那些家族的复杂，那些与土匪野兽的斗争，那些鲜活的、动人的、甚至残酷的故事……那些人，他们又在哪里呢？有没有一个身着牡丹刺绣衣服的客家女孩，小小地立在巨大的土楼里，张望天井的雨呢？面对我的这些疑问，眼前的土楼并不说话。我们走到特产小摊前，阿姐说这位老爷爷一辈子都住在土楼。我想从他的皱纹中寻出历史，他笑着问我："要不要买包茶叶？"

　　是谁说，一座土楼是一座围城？高高的土墙围起来天，围起来地，抵御野兽共攘外敌；围起来家人，围起来传统，此后血脉流传，都绕着这围着的弧，用一口井盛月亮，用无数仰望的眼睛盛星星。待我兜兜转转再回到小摊子时，老爷爷已经倚着墙，轻轻蜷着睡了，好像不管人间几世几劫，自一径恬梦。那么所有关于这围了一生的土楼的故事，包围与突围，也许都在梦里罢。

　　终于，到我们离开的时刻。阿姐笑着用力挥手："下次再来呀！"走在乡间，土地柔软，瓜果香甜。人类的生存史与个人的生活史，本就是世间最不朽的书。历史缄默，人亦会离散，但它们被砌成一幢幢不倒的巨大的圆，围起客家人的生生世世，也曾围住一个北来的访客。它在我面前默立，围我，拥抱我，如一架骨骼，一枚神秘的戒指，一首古老而美的诗歌。

穿坊巷，在韶年流转里相遇

　　从晋唐起至民国，三坊七巷便是一众官家士子所居的里坊。黑瓦白墙，高壁窄道，一条条幽深的曲巷把行人困在岁月极窄的迷宫。旧时堂前的燕、花间的蝴蝶，一间一间碎金朱门里都曾是有缘的。绿树丛丛，如一册一册经典；花偎白墙红得灼人；宜于煮酒的竹林与熏风——我在窄窄的坊巷穿行，偏惹了淡淡惆怅。这是最后一地，短短的旅程即将结束了。

在巷子里穿行，分不清方向而满怀前方的期待，那曲曲折折的道路，是不是为了让我们在一个个拐角相遇？

我遇见宋时的油纸伞、清时的木门；遇见走来一个结了丁香愁怨的姑娘；遇见初遇时台北的女孩大大的、温暖的拥抱；遇见手机坏掉的小难过和亨哥的鬼脸；遇见潘老师教我的"秦时明月——汉时关"好悠扬……

小智背着双肩包走在我前面，怕我这个路痴走丢。小智有高高的个头，一双少年气十足又似忧郁的眼睛。"别动！来，回头……"他被跟在身后的我吓了一跳，回头笑着，高高的身影夹在极窄的高墙，好像生长在夹缝中的一株杨。我举起来拍——

"笑得真好。"这是我们的相遇。

在拖了长长的调唱卖杏花的明朝巷子，长长的流连、留恋；走步而出时夕阳已下，仿若隔世。我恍惚跟上队伍，大街上车水马龙地涌我前行。忽然，静静地，一面拆散汉字笔画的墙久候在我的路前——横、撇、点、捺，正是三坊七巷走过的时代——

"唐宋元明清。"这是三坊七巷的相遇。

一道道笔画散落白墙，像调皮的小囡囡偏要拆老祖母漂亮的旧竹笼，天真地把玩一番。殊不知这东一处穿引，西一拇压折，经经纬纬都是曾被用心织起的岁月。"紫燕来去，乌衣巷旧，这些巷子相遇过多少时代多少故事，又用了多少离愁别绪？当下之遇便是结缘。何来惋惜？记忆仍在，一如人去巷留。"我突然释然，大步把坊巷曲曲折折地抛在后头，看伙伴们的队伍浩浩荡荡，笑语欢声。傍晚的云，小白鸽似的漫天飞腾，有几只还停在马鞍墙呢，却并不等东坡老头儿再撵回笼去。

从我看见那海上明月又生的时候起——如一串佩玉，琳琅地在心头清鸣——便期待着在韶岁流转里，与你相遇。相遇福建的古老与多情，相遇台湾的青葱气息，虽然山海浩远，毕竟展尺留痕，婵娟在望，当自珍惜。别离之后的夜晚，我又一遍翻看手记，每一步足迹的凹痕，都盈满一汪一汪记忆：朱子，同安，土楼，永春，乡愁，三坊七巷，以及可爱的朋友们……一字一字，追着记忆回溯；而笔尖每一个回转的角度，正一如弯腰轻拾的动作——

拾起了什么？

是行走的诗意，是你；是一地又一地风土人情；

是陌上花，思绵长，是文化的触碰与相遇；

是送别袅袅的曲——是昨夜月光映照展痕，处处有流辉清明。

大学组

找呀找呀找……

□ 齐利（福建师范大学）

"同学你好，恭喜你入选2018年第二届海峡两岸青少年共享阅读活动……"

这条短信让"遨游"在高数苦海中的我获得了一丝丝的解脱。我想，我与闽台文化的缘分或许就是从那时开始的吧。

寻 梦

小时候，语文课本中精卫填海的神话故事让我第一次知道了海。因为自己是一个地地道道的北方人，北方是没有海的，或者说是没有像南方一样委婉细腻的海，多的是波涛汹涌的江河，一如洒脱豪放的北方人。"我有一所房子，面朝大海，春暖花开。"海子的诗让我在心底埋下了一个想要看海的愿望，所以在此次行程中，我对海出现的地方总会多一些留意。

我一共见到过三次海，第一次是在乘坐的大巴上，只是匆匆一瞥，第二次是在集美鳌园，第三次便是在鼓浪屿上，真的是四面环海。鳌园的海是我最喜欢的海。相信很多人会更喜欢鼓浪屿的海，在鼓浪屿的海边常见的是不停变换姿势拍婚纱照的年轻恋人，不变的是他们脸上的笑容，还有鼓浪屿的琴，所以说这片海是一片浪漫的海。

人总是有着先入为主的习惯，要是遇到鼓浪屿的海在鳌园之前，相信我一定会爱她爱得欲罢不能。在鳌园那次算得上是我第一次真真正正见到海，我很看重这个第一次，所以我愿意很仔细地去观察她。当正午的阳光洒落在不平整的海面上，海面犹如破裂的镜子将光反射得五颜六色，因此我看到的海是彩色的。当太阳的势头稍稍弱下去一些，海水就成了真正的蔚蓝色。蓝色的海与天相互交织，鲜活地演绎了什么是所谓的海天一色，比任何一本辞典都要生动具体。

初次见到海的我，没有想象中的惊喜若狂，也许是海的茫茫无边让我内心多了一丝平静，所以倒也怡然自得。

觅 食

俗语说："民以食为天。"古有美食家诗人苏东坡，烹饪家陆游，诗圣杜甫虽不是美食家，但他也有许多关于美食的诗，《丽人行》中就有"紫驼之峰出翠釜，水精之盘行素鳞。犀箸厌饫久未下，鸾刀缕切空纷纶。黄门飞鞚不动尘，御厨络绎送八珍"的诗句。到了 21 世纪，人们对吃的要求就更高了，吃更像是一种精神上的满足，尤其是对我这样一个正儿八经的吃货而言。从厦门到福州，我们可以说是玩儿了一路，但更像是吃了一路，从老码头餐厅的晚餐到福州的蹄髈破店，即使是同样的菜也会因地区的不同而产生微小的差异，就好比福州的鱼丸个儿大馅儿多，而泉州的鱼丸是没有馅儿的。

每天的吃饭时间是我一整天最有精神的时候了，什么走路的劳累、坐车的疲惫全都被抛之脑后，仿佛我所有的精气神都积攒着，就为等待吃饭的这一刻爆发出来。如果用一个词来形容每天的饭菜，我会用"周到"，因为每一桌菜都考虑到了大家的口味，不论你来自南方还是北方，不论你来自台湾还是大陆，每一个人都可以在餐桌上找到自己喜欢的那道菜。最有意思的是，我们组在吃鲍鱼的时候还吃出了"三只鲍鱼"的梗，关于梗的来历是只有我们小组内部人员才会懂的秘密哦。

所以说，有时候吃不只是吃。

寻　根

是纪念馆的布局充满创意？还是讲解叔叔幽默风趣？抑或是余老先生顽童般可爱的性格？不然我为什么会对一座纪念馆充满了好奇？要说我对余老先生有什么了解的话，也只是停留在那首大家都很熟悉的《乡愁》了：

小时候，
乡愁是一枚小小的邮票，
我在这头，
母亲在那头。

长大后，
乡愁是一张窄窄的船票，
我在这头，
新娘在那头。

后来啊，
乡愁是一方矮矮的坟墓，
我在外头，
母亲在里头。

而现在，
乡愁是一湾浅浅的海峡，
我在这头，
大陆在那头。

  这首诗就被雕刻在纪念馆最醒目的地方。以前每次读到这首诗，我总以为它所带给我的忧愁与杜甫所写的"露从今夜白，月是故乡明"是一样的，可是在纪念馆中对老先生深入的了解让我意识到乡愁不仅仅只是忧愁，更像是一场寻根之旅，是更多的怀念。
  老先生与挚友关于五棵荔枝树的争论不禁让我想到："原来文学大家还是个没长大的小孩子嘛。"让人哭笑不得的是为证明自己敢"爬树"，老先生还特意写了一首《五株荔树》来证明自己的"清白"。我想一定是这充满乐趣的生活环境造就了老先生如此可爱的性格，让他一生都无法忘记在大陆生活的日子，就连他眼中的乡愁都是小小的、窄窄的、矮矮的、浅浅的，仿佛都是如此的可爱。
  中国的传统讲究落叶归根，中国人对自己的本根总是有着别样的情愫，我想这也是老先生为什么这么多年都未曾停止他的寻根之旅的原因。从小生长在大陆的我并不能切身体会老先生的乡愁，但我想我们对美好旧时光的怀念是一样的。

拾 光

坐在驶往华安县的大巴上，我跟小伙伴兴奋地讨论着《大鱼海棠》这部动画片，据说这部动画片的场景就是取自这里，回想动画片里一幕幕凄美的场景，我不禁对这次土楼之行又增添了一丝期待。

土楼最初是客家人为了防御外敌而建的，但并不是用土堆成的，要不然它怎么能屹立千年而不倒呢？走进土楼的内部，仿佛就走进了椿、湫、鲲三者的纠葛世界，耳畔总是想起庄子的《逍遥游》："北冥有鱼，其名为鲲，鲲之大，不知其几千里也。""椿去湫来，海棠花开。你是否已化作风雨，穿越时光来到这里"，凄美的台词引我不住地遐想发生在"神之围楼"中的少女故事。要是把人生比作一段旅程，那么它便是一段短途旅行，客家人把自己的热情倾注于土楼，耗费几代人的精力建造这中国风的城堡，用拼接出的长途旅行为后人留下了这流传千年的"传家宝"。

旅程很短，我们不妨大胆一些。爱一个人，攀一座山，追一个梦，就像客家人一样。

指缝很宽，时间太瘦，还是要说一句"Good time is always perishable"。真的很怀念这七天与每个人相处的点点滴滴，很感激这次旅行让我找到了那么多"宝藏"和朋友。因为你们，即使是同样的风景也看不够。最后，送一首我们大陆的儿歌《找朋友》给我的好朋友们吧：

> 找呀找呀找朋友，
> 找到一个好朋友。
> 敬个礼呀握握手，
> 笑嘻嘻呀点点头，
> 你是我的好朋友。

这一刻，我想为你们歌唱，只为在福建遇到的最好的你们。

拜访余光中先生

□ 王泽坤（厦门大学）

在余光中文学馆里，最后一次读书研讨会正在有条不紊地进行着。经过一段对余光中先生作品的赏析后，潘老师让我们暂时把手中的书和笔记本放下。大家有些一下子开始欢悦期待起来。在几天的相互陪伴后，大家慢慢了解到潘老师很喜欢唱歌，参加过上届共享阅读的朋友也说起潘老师去年教过大家唱歌。现在也许是时候了。

"相信大家都累了，也不想做读书研讨了。既然这样，大家用手机找出《乡愁四韵》的歌词，一起来学唱一下这首诗歌。"

《乡愁四韵》是余光中先生的作品，被罗大佑演唱为歌曲。或是陌生，或是熟悉，大家就这么跟着潘老师唱起来。

"给我一瓢长江水啊长江水，那酒一样的长江水……"同样的韵律，不同段落的文字。

长江水、海棠红、雪花白、腊梅香，意象就这样随着歌声一个接一个地出现在我眼前，猛烈地敲击着我的心门。

▸ 读书分享会

  这是我第一次接触《乡愁四韵》，但不是第一次接触余光中先生。"而现在，乡愁是一湾浅浅的海峡，我在这头，大陆在那头。"先生的《乡愁》被收录在语文课本中，上过学的人都会背这首诗。先生离我们如此的近，提到台湾作家，先生一定是最被人熟悉、最受人喜爱的那一个。

  从土楼乘车来到永春，动身去福州前停留一天，为的就是这一个目的地——余光中文学馆。我说，我是来拜访余光中先生的。

  要拜访先生，最近的、最好的去处就在这里。永春是先生的祖籍。文学馆里收录了先生写给永春的《五株荔树》手稿，里面就回忆了先生自己的童年时光。馆长向我们详细讲述了先生关于荔枝树的趣闻：先生记得自己小时候爬过这些荔枝树，几十年后归来，童年玩伴却说先生小时候胆小没有爬上去过。先生那孩子一样有趣、令人喜爱的性格也展现出来，每每遇到这位友人或是提起这件事，先生都要争论一番。

  我徘徊在余光中文学馆里，寻找着先生，无论是墙上还是展示柜中，都是文字——对先生的介绍或者是先生的作品——确实是名副其实的文学馆。先生作为一名乡愁作家而闻名，无论是《乡愁》《乡愁四韵》，还是《山盟》《听听那冷雨》，都体现了先生的乡

愁。我上学读书，小时候离家近，上大学后离家远。因而小时候体会不到思乡之情，只读懂了家国之思。离开家乡后，就该再把先生的作品读一遍，因为那种思乡的情感，先生已经预先将它完美地转化成文字，打包起来准备送给你。在台湾，先生住在厦门街，以此来宽慰、抒发自己的乡愁。而在这里，我也在大街小巷四处寻找家乡的痕迹。我的家乡在山东，在小吃摊上对山东杂粮煎饼情有独钟。先生思念那酒一样的长江水，我就思念家乡的黄河。因此在福建也心想着，回家后一定要去黄河入海口看一看。先生也曾到过黄河入海口，在那里留下了名片，让浪裹挟着流入了大海，也许我还能看到先生的脚印……

除却文字，最能直观地拜访到余光中先生的，当属馆里的两尊蜡像了。看到文学馆里余光中先生的蜡像，一时难辨真假，让人有些恍惚。蜡像的衣服是先生捐出的自己的衣服，先生曾来到文学馆里，和自己的蜡像一玩就是半天。文学馆中的装潢都那么新，唯有

一面墙上对先生的介绍显现出了旧——"余光中，1927年至今"。再看到旁边的蜡像，一时间觉得好像先生还未离我们而去，还对着我们露出他那令人着迷的孩子般的笑容。

文学馆里对先生的介绍，说他不仅仅是一位乡愁作家，他的诗歌还有亲情、友情、历史、自然，他的翻译既精准又有创作，他的评论有学究味又流露真情，他的散文充满了艺术性。大陆和台湾的土地，共同孕育了先生那细腻丰富的内心，正是这样的内心，使先生体会到的不只是乡愁，而是这世界上所有的美丽。

反复咏唱《乡愁四韵》，歌词、韵律和情感都已经牢记于心。最后一遍的歌声结束，也是时候动身去下一站福州了。

拜访完先生，离开余光中文学馆，离开永春，先生的气息离我们也远了。好像很多东西也留在那里与先生继续陪伴着，唯有《乡愁四韵》的旋律依然萦绕耳边，越来越触及我的内心深处。

"那醉酒的滋味是乡愁的滋味，给我一杯长江水啊长江水……"我在心中哼唱着，与永春告别，与先生告别。再过几日，也要与福建告别，回到我的故乡。不过与先生再会也不是那么难，与过往的依依不舍再会也同样没有那么难。当我再打开这首歌，看到熟悉的歌词，听到熟悉的韵律，我将与那一天的我，与写下这首诗歌时的先生，心情同步。

行　路

□ 杨祖望（集美大学）

　　七月，盛夏，行走于福建这片土地。

　　某些时刻，当我挪开遮阳的小伞，或是掀起车窗的帘幕，眼前呈现出外界的景象，便会不由得心生一问：这是要去哪里？

　　一般来说，我会得到一个具体的地名作为答案。

　　说来可笑的是，这一趟共享阅读的行程中，我发现自己问得最多的，居然是"要往哪里走""接下来要去哪里"这一类问路的话语。然而，此刻再细细想来，那些回答中的一个个地名，其实还远远没能解答我的问题。

　　因为，我总觉得，还有许多曾走过的路，难以付之于一时一地的名物——我不断地叩问自己，似乎只有如此，才能找寻到些许阡陌参差的踪迹。

走访大地之路

我自小便生长在福建这片多山多水的土地上，这里的各种风物景象，都颇感相识，因此，在这一路上，我感觉自己已对福建了解很深。

于是，我大言不惭地对台湾朋友夸口道："福建这些地方对我而言是没什么意思了，倒是可以带你们看个新鲜。"

然而，在共享阅读的旅程中，我们一行五十余人，摩挲着福建大地的肌理与脉络，从小桥流水的乡间，到繁华竞逐的都市；从隐秘幽微的溪山，到游人如织的景区——我才睁大了迷蒙的双眼，不禁感叹道：原来，自己对这一方土地仍是知之甚少。

当闽南传奇的看台缓缓转动起来，我与大家一道啧啧称奇；当华安土楼里，热情的客家阿姨摆出各类茶水时，我与大家一起津津有味地品尝；当三坊七巷里胸有成竹的小志愿者将各个典故娓娓道来时，我与大家一同为他鼓掌称赞……

一趟旅程下来，我们走访着福建的大地，走向了这片沃土姿态丰富的更深处。而福建，这两个跃动的字符，仿佛变换了一种崭新的面貌，将它截然不同的那一面呈现在大家的眼前。

"山远近，路横斜。青旗沽酒有人家。"（辛弃疾《鹧鸪天》）

时至今日，当我行走在这"远近横斜"早已熟悉的福建道路上，仍会不由自主地遐想：也许，在下一个转角，已有另一番素未谋面的景象、另一处青旗招展的"人家"，正等待着与我不期而遇吧。

收拢起散漫的思绪，我感到，对于这方生养自己的故土，我似乎又走近了一步。

走近历史之路

　　有那么一些名字，我曾在泛黄的史册里读到过。他们听来无比耳熟，乃至妇孺皆知，但在感觉之中，我又总是对他们有着几分暌隔，好像他们并不那么真实，只是几个住在书里的人物。

　　朱熹、郑成功、林则徐、陈嘉庚等，皆是如此。

　　可是，在这趟旅程中，又另有那么一些时刻，让我感觉自己离这几个名字似乎并不遥远：朱子书院里，那一场洋溢着动人激情的讲座；闽南传奇表演时，那隆隆的战鼓与炮响；林则徐纪念馆的橱窗中，那一联笔力遒劲的书法；鳌园长廊里，那一张张珍贵的影像资料……

　　在这样的时刻里，我不由自主地驻足、倾听。所谓厚重的历史，忽而变得可听、可闻、可感知、可触及，而历史里那些熟悉的名字，则成了一个个宛在眼前的真实的人。

　　"今古北邙山下路，黄尘老尽英雄。"（元好问《临江仙》）

　　我默念着熟悉的名字，行走在这往来古今的"北邙路"上，恍惚之间，与那些曾如星斗般熠熠闪烁于历史夜空的英雄们，似又近了一点。

走读内心之路

五通码头人潮涌动，大家向着同一个方向执手而行。虽然我们都知道，送君千里，终须一别，台湾朋友们要回到自己的故乡，大陆的同学们也必然要折返——可是我们谁也不愿意驻足于到达尽头之前的、这一段小小的距离。

终于，登船口那道白色的墙，成为有如山海一般的阻隔，在一片告别、送行，乃至隐隐的啜泣声中，我向着萍水相逢的朋友们笑着挥了挥手。这一刻，我感觉自己虽不是渭城西去的行客，却也尝出了古人阳关曲的滋味。

回想这七日，我们一路走来一路读，不知不觉间，便踏过了一个个或陌生或熟悉的路牌，读过了一页页或炙热或冷峻的文字，最后发现，这世上最难以走通、难以读懂的，还是自己的内心。

因为内心有一股依依惜别的不舍之情，久久缠绕，时时萦怀。

可再一转念，想到双创基地里，那些来自台湾的创业者认真工作的样子；想到福建博物馆里，一一陈列的各种关于闽台交流的展品；也想到了告别前的晚会上，大家各展所长、打成一片的情景——忽而，我又觉得，这样的分别，也许并不算是遥远。

是了，一水阻隔，尚还有闽台文化的血脉相连；一墙之隔，对于心心相系的人儿们，又怎会算遥远？

既然如此，不妨就将这不舍留藏在心底，慢慢凝固为人生的一块路牌，或是一页文字吧。

未尽的缘分，终将再续；有缘的人儿，终能再聚。当下所有的告别，都是为重逢埋下的伏笔。

"世路如今已惯，此心到处悠然。"（张孝祥《西江月》）

这两句词，是我送给结对伙伴的寄语，同样，也是我自己行走在这七日的旅程中、行走在这人生的"世路"上，所收获的一点"悠然心会"。

那么，且如此行路，如此走下去吧。七日很短，一生很长，然而这七日所走的路程，却让我向着自己的内心，似又走近了一步。

我努力地回忆，把这七日所走过的地名一一书于纸面，想梳理清楚我们所走过的这一路，以资参考。然而，写到一半，却又觉得，这一个个具体的地名，或许并不那么重要吧。

倘若能记得这条路上曾有过的喜怒哀乐，又何必在意这条路的名字？

七月，凉夜，行走于字纸、行走于自己的内心。无须再叩问何方，我已然找寻到了这趟短暂旅程中，自己曾走过的路。

【附】
共享阅读行路福建有感调唐多令

岭树托晴阳，重峦开隧长。
绕浅湾、襟带河梁。
风物溪山方好处，携手看、八闽乡。

伞转午荫凉，闲行草木香。
古桑田、游赏新坊。
宴饮酣时歌舞乐，倾佳酿、引流觞。

大学组

共享书旅

□ 张欣然（厦门大学）

读书万卷始通神，行路千里去尘浊。读书是一场旅行，每本书的诞生都有前因后果，作者将自己的灵魂揉碎在字里行间，每一个字都有着一个秘密，每一句话的背后都有一段故事，而书的使命就是引导读者去承载作者的灵魂，踏上作者笔下的老街小巷，亦或是他的故乡去身临其境。旅行更是一种阅读，它能让你去细细地品味作者笔下每个人物的喜怒哀乐，生离死别，见证一个家族的兴衰成败，世事无常，更是让作者魂归故土，重返故乡。

青山碧水，钟灵谷秀，古韵隐没在其间，这，就是福建印象。

鳌园鼓浪——傍山环水，气韵开阔

初去鳌园，本不抱什么期待，但在下大巴看到碧海蓝天的那一刻，只觉得建筑、色彩、蓝海组合而成的自由生态，是如此淋漓酣畅。而这种自由的生态不是未开化的蛮荒，而是自觉后的消解与释放。一望无际的海岸线，让我终于感受到，什么才是真正的面朝大海。

颓院芳草，陋巷美人，鼓浪屿于我就是这般感觉。你刚要不喜欢，却又惊艳于她的美。鼓浪屿，这个古老却不昏聩，与历史难分难解的岛屿，外力终会离开，文明总会留下。皓首黄卷，颓墙残柱，无不在一一诉说着它的过去、它的故事。在绿苔纵横的小巷里，生活的艺术化或是艺术的生活化都注解了生活的本身，用最散漫的时间，把生命的悲凉重新定义为美的生活。这，是一种品质，更是一种能力。

在这座喧嚣又宁静的岛屿上，在那斑驳墙壁上的光影中，我们应该怎样来聆听那光影。在这极为亲近和妩媚的语言里，我们会发现历史文化之所以深邃得让人落泪，是因为它从来不会中断，那种透过身心的自由，会让我们感受到不朽的创造力量。巷子里的光影，能够让我们的生命始终处于一种说不清的激动里，这种激动让我们重新体验人生，让我们意识到，我们的到来，是惊醒自己的存在。

华安同安——悠悠厚味，岁月静好

华安土楼，《大鱼海棠》的取材地，我可是期待许久了。还记得当初看完这部充满浓浓古神话传奇色彩的电影后，特意查了它的创作取材背景，其中的"神之围楼"就是客家土楼。二宜楼，这座被岁月和时间温柔以待的土楼，抬头望去，连成片的棕黄色屋顶外，远处成片的茶田和绵延的山脉融为一体，好像是被掌管秋风的神——湫所守护，百年来岿然不动。在这里，满眼尽青葱，山不知

大学组

日月，水不舍昼夜，这是被时间之神眷顾的土楼，四处都是晨曦宁静带来的清晰，一种慢慢发生的大地自然的气息着实令人惊喜。

土楼里面，有当地人卖的各种首饰、布包，这些小玩意儿让我很是欢喜。在我看来，生意是将生活变得有意义，这样，存在的本身才拥有了当下的力量，而这种力量可以让我们的此生成为一种真正的眷恋，在任何时候、任何地方都能够记得品味生活和人生，普通而安逸，悠然却不失坚毅。

同安桥，这座挂满了红灯笼、被木头"罩起来"的桥，横跨在山河之间，依山傍水，山宁静自守，水流荡自如，山与水在这里，恰如其分地得到平衡。桥，总是护送着那些或是悠然漫步或是步履匆匆的人们，将他们平安地送至彼岸，走向远方。

▼7月20日，讲解员在讲解同安孔庙历史

岁月并非黄金，岁月也无最后，历经历史的滚滚车轮，无论沧海桑田，华安依旧洗去了风尘，把岁月过得气定神闲。

弹指间——春风拂过，芳草碧连天

此行的又一收获和幸运，就是结识了一群朋友，尤其是两位"玩"同道合的好友，路过的鲜花与河流都记录着我们的欢声笑语，每当回想起，心中是无限的愉悦和温暖。我想，这就是共享书旅的魅力，隔山跨海，寻找志同道合的好友。也许，最初我们并不期待遇见谁，但在这自然世界里，我们常常为这样的发现而惊奇不已。七天的旅程，时间悄悄地溜走，太匆匆，唯愿，山高水长，言浅情深。

许多地方，在出发之前，只是一个地名。当我们身临其境，带着读过的书、看过的电影、听过的音乐，再与它们相遇，这种精神与物质的相会，是一种难言的会心之妙。

看着亭下旧座间的谈笑风生，便觉得日月悠长，山河无恙。寻梦的路途虽很遥远，但我们坚信，当春风拂过时，定是芳草碧连天。

大学组

有趣的灵魂来相聚

□ 卓柳婷（闽南师范大学）

"有朋自远方来，不亦乐乎？"因为文学，我们有缘相聚。

相 见

七月，是炎热的季节，让人心烦，但我们的相遇，却给这酷暑带来了一缕清爽。烈日当空，连一丝微风都没有，周边的空气似乎已变成热气，总让人全身上下热腾腾的。五通码头，人来人往，熙熙攘攘，广播不断地播报来往船只的信息。大陆的学生聚集在此，等待漂洋过海的台湾同伴的到来。虽没有隆重的欢迎仪式，但有着那份真诚的期待，我们怀着期待的心情，不断地望向出口的位置，渴望早点见到远道而来的你们。陆陆续续，你们都出现了，挥动双手，在一句句的"欢迎""你好"声中，我们见面了。相机"咔嚓"一声，记录我们这一刻的高兴、激动与惊喜。初次见面，更多的是带着羞涩胆怯的问候："你好，欢迎你来大陆。"因为有着共同的爱好，我们相聚在这东南一

隅，走访古迹，交流文化。一场奇妙的文化之旅在此拉开序幕。

相　识

　　一辆旅车，两地旅客，我们在这狭小的车间里互相认识。无意中，我竟然与我的同伴坐一起。其实并非是纯无意，说是机缘巧合，倒不如说是一次小猜想的验证，验证我的搭档是否真与我猜测的是同一个人。一路上，我和同伴都默默不说话，各自做自己的事。双眼看着窗外快速划过的景物，心理无比纠结：我该不该找话题聊天呢？要聊什么呢？车上的空气似乎有点安静。

　　旅途第一站，我们来到了"隐藏"在厦门北站地下的"秘密基地"——台湾青年双创基地。这是众多台湾青年追寻创业梦想的舞台，既是他们梦想起航的出发点，同时也是乡愁的寓所。在基地里面的墙壁上，有台湾各地方的简单介绍，这不只是一种装饰，更是一种别样的精神慰藉，当创业青年们想家而又没办法回家的时候，这里就是他们在"陆"上的家，看看墙上的只言片语，心灵已经找到回家的感觉了。在这里，我们进行了各式各样的自我介绍，让两岸师生初步地认识了对方，也各自找到了自己的搭档。短短的自我介绍留下的只是第一印象，而更深入地认识了解还是在接下来的旅途中。

相　熟

　　相熟是个需要"媒介"的过程。我们总是在游玩、交流和谈天中，才慢慢熟悉对方。

　　"问渠那得清如许？为有源头活水来。"脍炙人口的名句，寓意奥妙的读书感受。在这次的旅程中，我们来到同安朱子书院，共同探寻朱子文脉。红砖红瓦的古建筑，在周边千篇一律的现代建筑包围下，显得别具一格，每一处都散发着古朴的气息。走在这条文化长廊上，聆听讲解员讲述朱熹先生在这里留下的足迹与故事，感受这里的一花一草、一石一树，一切都是那么的宁静和谐。这里虽没有"半亩方塘一鉴开，天光云影共徘徊"的观书之地，但却也是治学的极佳之处。朱熹先生曾提出："读书有三到，谓心到、眼到、口到。"在这静谧的书院里，是极易做到这"三到"的。朱子文学，是闽台共同尊崇的文化；同安，是朱子学的源头，是朱子首仕之地，也是朱子从政时间最长的地方。相同的文学认知，共同的文化归属，因为文学交流，我们更熟悉了。

我们都喜欢美，都喜欢记录旅行中美好的一刻。漫步在鼓浪屿的小巷里，可以看到风格迥异、各式各样的建筑错落有致地分布在上百条小巷里，沿途最多的是汇集各种特色的食铺和商铺。大街小巷依旧是人多嘈杂，但在这嘈杂的背后，透露出一份宁静。这是一座美丽的岛屿，碧海蓝天，参天古树，照片里它的每一个角度都是美的，这也是一座有故事的岛屿，每一座古老的建筑都有它的传说或者故事，每一处景点都是历史的见证。我们都为这里的美所吸引，想把所有美好的事物都保存在相机里和珍藏在心里。

在旅途的最后一站，我们来到了福州的三坊七巷。充满了历史文化气息的街道，有"中华十大历史文化名街"的荣誉称号，历经多年，格局依旧，灰白相间的石板路，两边是精巧雅致的古宅庭院。在这里，虽没有商业街道的繁华，但也是人群熙攘。众多的历史明贤英杰，林则徐、冰心、林觉民、严复……他们都在这里留下过足迹，人杰地灵，莫过于此。我们三两人结伴，最喜欢钻进"文艺范"十足的文创产品店，观赏画上的三坊七巷，挑选喜欢的纪念品。走在历史文化荟萃的博物馆里，我们感受着这座城市独特的历史气息与文化韵味。

在旅途中，我最喜欢和老师、同学一起，慢慢地走在人群的最后面，虽不快速跟上，但也不落队。虽不能清晰地听到导游对古迹、景点的介绍，但我们却能在后面一起聊天，这不也是一种乐趣吗？"因为爱，所以勇往直前。"这是潘老师让我感受最深的一句话。在游鳌园时，因一段小插曲，我们几个同学与潘老师就在树下聊天，听老师为我们解惑，听老师讲述大学时为兴趣爱好勇往直前的故事。老师的另一句话也让我印象深刻："江山易改，本性难移。其实本性并不难移，只是因为你认为它不用移。"确实如此，总有一些事物，我们会理所当然地认为它不用改变或者觉得自己改变不了，其实这都是自己为自己的懒惰找的借口，自己本就不尝试去改变。

▼ 7月20日，创作分享会

聊天，是拉近人与人距离最好的办法，让人更有勇气地去认识每一位新朋友。

相 离

时间过得很快，七天的时间就结束了，天空还是一如既往的一片蔚蓝。同一片天空，同一个地方，同一些人，唯一不同的是，六天前我们在此相聚，现在，我们即将在此分离。相聚的时光是美好的，但又是短暂的，我们不属于同一个地方，隔着海峡，我在这头，你在对岸，这也决定我们的"约会"终有一别。我相信，因为有共同爱好，我们相聚于此，我们的缘分也势必会因其而不断。挥挥双手，期待下一次的见面。

回家的路

□ 陈宣丞（台湾高雄师范大学）

我是一个爱流浪的人。

最后一天，联欢晚会结束，我没有马上回房间，也没有跟其他人合影留念，我背上背包、披上外套，信步走向距离饭店数米的福州站。因为我知道，这是最后一个晚上，再怎么平常的事情，一旦以"最后一次"作为开头的时候，似乎都应该格外谨慎而且小心翼翼地去完成，哪怕再怎么费功夫，打起十二万分的精神去做是必要的。

早就被这偌大的车站深深吸引住了。从九楼高的房间望过去，它巍然地矗立在那，由上而下俯瞰，人来人往的站前路、热闹的沁园路与华林路商圈，一切都看得清清楚楚。在太阳沉入海洋前的余晖下，它渐渐亮起来，就像血管一样，人们运输着生命和活力，犹如脉搏的律动。我在惊叹人类伟大的城市文明之余，还对自己这几年尚能适应水泥丛林的生活感到庆幸。如今，我惬意地走在陌生的都市街头，啃着十三块钱换来的鸡排，孜然味的，再泰然自若地装

大学组

成一位对这里十分熟悉的人，我想这也算是成长的一部分吧。

　　每个阶段，我都在强迫自己长大。从彰化半线来到高雄港都念书，带着厚实泥土味的乡下小孩来到发展中的城市，任由火辣的太阳晒黑皮肤，从懵懵懂懂到交际应退，社会化的过程中也慢慢勾勒理想生活的模样。而现在的我正漫步在另一个完全陌生的街头巷尾，带着手机，向龙应台学习一个人的摄影课，我没有简媜的细腻情思，所以甘愿模仿舒国治的心情写一本《门外汉的福州》或《理想的晚上》，但这些仍旧拦不住那个乡下小孩狂妄的心口，那止不住的喧嚣处有大江大河在奔流。

走到车站二楼远眺铁轨和即将出发的火车，我的心也跟着蠢蠢欲动，好想就这样买上一张车票，坐到遥远的地方去，可以是近一点的福州南站，远一点的北京站，甚至再远一点的兰州站。远方的疆土好似远方的梦，那么的美，那么的迷人，这个时候看来，理智跟妄想竟只有一线之隔。"记忆像铁轨一样长"，我突然悠悠地吐出这一句话，也刚好是余光中先生的作品，他说火车的感觉像被动的过渡时期，可以绝对自由地大想心事，任意识乱流，此刻我的意识就如同这些列车往同一方向疾行，它们修长而魁伟的体魄，稳重而剽悍的气派，像是在天高云远的西部，令人怦然心动。总忍不住要加速去追赶，兴奋得像西部片里马背上的大盗，直到把它追进了山洞。

但进了山洞，乌漆墨黑一片，睁开眼滑开蓝蓝亮亮的手机屏幕，发现不是"中国移动"，取而代之的是"台湾大哥大"，心里竟有种惆怅的感觉无法倾诉。

这种感觉就像最后一天在五通码头的告别，离别的日子不算久，分开的距离也不长，然而"还要再见面"却像是迷梦痴语，顾不得满怀的愁绪，让生活蜕演成兵荒马乱的岁月中不断追逐的可怕梦魇。我们互相期许彼此要继续奔跑似光芒万丈，未来某时某刻在属于自己的荒草野径里，也能荣耀一方。

舒国治说过，再怎么爱流浪的人还是得回家的。

那家又是一个什么样的概念？我回到自己的荒草野径里，说着闽南语，讲着普通话。但是到了厦门、福州一带说闽南语都能通，有时候还要担任伙伴们的翻译，"喔，这句话的意思是'认真打拼才会成功'"。甚至走在福建土楼里跟当地居民用闽南语做日常对话也不会突兀，"恁孙金钩锥喔"[1]。我们闲话家常、寒暄问暖，语言上亲切有味，就语言的层面来说，我们的的确确流着一样的血

---

[1] 闽南语，意思是"您的孙子长得真漂亮"。

液，传承一样的文化。这不禁让人想起在过去那个年代，祖先们渡过黑水沟的场景，究竟要多少勇气才能义无反顾地离开？是如何执着与坚持，才能抛下一切到陌生的蛮荒之地开疆拓土？怎样的经历，才能不受世俗伦理的约束前来？在无所畏惧的精神下，拥有多么温柔的心灵？而这些能称得上流浪吗？

渡恶水的人曾经那么年轻，六死三留一回头，也许他们也曾经以为这趟是去流浪，是去拼搏，是去奋斗，但没想到，这一去，就没再回来过，"等我回来"也变成一张空头支票，留给后世的人兑现。"从前从前，我们的祖先……"让我觉得故事好听的关键，其实不在祖先的丰功伟业，而在"从前"，一切故事之所以好听，其实都是因为包含了岁月走过的声音。

我想我的基因里或多或少遗传了他们的冒险精神，却少了那么一点挑战恶水的勇气。也许值得欣慰的是，回忆就像铁轨那么长。

彰化最有名的古迹之一大概就是扇形车库了，轨道由车库外展如一面扇子，火车头经长距离奔驰后进入车库休息、保养，因此扇形车库也又有"火车头旅馆"之称。只是位置太过隐蔽，对于每天有父母接送的我来说，铁路对我而言也没什么亲切的。只是我也没料到，那些曾陌生的铁轨，倏地把我运来港都，顺势把我的朋友圈、生活圈都洗了一遍。

而我也只是从一个有铁轨途经的乡镇，换到另一所铁轨途经的学校。高雄师大旁边的凯旋二路临港线每天都有零星列车载着前往前镇车场上班的员工，以及一些拖着货车的火车头缓慢爬过同庆路的平交道。我也曾好奇这些铁轨最终通往何方，于是摊开地图，赫然发现铁轨通往的是成功路。成功一路的头是市议会站，中间是高雄女中，再往下成功二路是八五大楼和高雄展览馆。终点呢？成功二路的终点是梦时代百货公司，从前的那些故事似乎也就搁浅在梦时代了。

是啊，像梦一样。路途迢远，相隔三百公里以上，甚至更遥远

的目的地，穿越层层水汽和滔滔海浪，我和先辈们一样漂向远方，日子久了，从前那些故事和话题，甚至记忆里的面孔姓名都日渐消散，一切像梦一样。最后，当我们终于怀念起那些日子的时候，才惊觉现世已经把我们摇摇晃晃载了这么远。

　　想到这里，突然觉得自己好幸运，得以追本溯源，得以找到闽南文化的源头，得以找到回家的路。

　　在回台湾的飞机上，我看着重峦叠嶂的中央山脉，与之相邻的城市街灯和柏油路，想着哪天如果我离开台湾，一定要在家乡埋一滴眼泪，好让我这一生都有乡愁。

大学组

回 归

□ 陈蒻芮（台湾高雄师范大学）

天 真

2018年大年初四，我独自一人乘着台湾中华航空班机前往与高雄纬度相差近40度的北京。洁白巨鸟用其羽翼划破湛蓝至极的天空，承载着我豢养已久的梦之兽。犹记当初选择中国人民大学作为大二下学期交换的学校，不外乎是因为它离家最远，最没有家乡的味道。身为土生土长的高雄人，深根于高雄近20年，一度以为这样的经历是绊脚石，是那个让我悉心培育的梦之兽无法顺风飞行的阻碍。

"未知"二字是黑夜里歌舞升平的温柔乡，诱惑着日日浮动的心，吸引着一个个年轻的梦想。我拖着29公斤的行李箱，独自一人游走于北京首都国际机场，沉甸甸的手感与释放的心绪形成强烈对比。北京以一种神秘的方式加快我血液的流动，增多我的肾上腺素，使我雀跃不已。踏出机场的那刻起，那些自己所想象出来的美好生活，好像如今终于都能实现了。

迷　惘

　　北漂两个月后，犹如步行于漫漫冬日已久，忽而瞥见一缕阳光穿透层层阴云，金光的细线彼此结合成光柱，拨开阴郁不已的水汽，直达地面。此时，我才惊觉过往的生活是如此美好。北漂的日子像是热带植物硬生生地被拔起，再被插在冬日的硬土里。那些被过度期待豢养的兽日复一日地逐渐壮大，最后以其庞大之身将现实狠狠地撞碎。现实如同荒漠草原上的灿灿星空，以绚丽夺目的迷人使人鬼迷心窍，再用其锐利、闪烁的刀突如其来地刺向人们心中最柔软的地方。北京是巨兽，在你踮脚回首的瞬间，张口吞噬你心里最软嫩的一块肉。

　　北京不是我在电影画面中触摸到的梦：当你在黑夜中，斑斓的七色灯光晃动时，镜头突然聚焦为近景，你的发丝在空中柔美的舞动，远景的光源扩散成多色圆点，衬托着你受橘光刻画的脸庞。接着画面冻结在此刻，观众对你的所见是未知的，只能猜想你必然看见某个他，或是某个你期盼出现的人突然在你背后轻唤你的名，对你而言便是早在回头前即打从心底知道对方是谁。是的，北京不是，我所以为的事实并非如此。

认　知

　　我在北京的68日里，一种强烈的疏离感如影随形，如同黑夜里一盏明灯下的梦魇，你越是死命地跑着想将其甩掉，它越是紧抓着你不肯放手。我终究无法忍受这种强烈的窒息感，于是趁"五一"假期，我以"到哪都是人满为患"的借口夹着尾巴飞回台湾，回到养育我几近二十年的高雄市。我将自己被他乡冷冽气候冻伤的"根"带回四季如春的台湾，好好疗伤。短留高雄十日的我，如鱼得水。伴着我成长的街道、阳光、空气等，以及生活于高雄都市命脉内的这些人们，皆是孕育今日之我的母体。

　　因冬日而生的抑郁情绪被高雄的烈日与和煦的人情味蒸发得不见踪影，阳光贯穿阴云的微孔逐渐灼烧周围的云层，微孔扩大成洞，最后，原先以灰色调为主体的苍穹蜕变成湛蓝无比的天空，还有不少纯白软云。我这才明白，我多么依赖这个培育我生长的闽台文化。是它，用其富有历史性的文化精粹将我从一块黏土，悉心地捏塑成今日的模样。

归 根

　　不论我向北方漂流多远、多久，我知道只要往南方前进，便能投入闽台地区的怀抱，在闽台文化中舔舐于他乡所受的伤。待在福建省的数日，不论是建筑样式、生活习惯、饮食方式、方言与气候等，皆唤醒我体内的成长记忆，眼前陌生的事物是如此熟悉和亲切。北方的生活是烈火，灼烧着我心中的大山绿草。闽台文化是春风，野火燎原后，漫山遍野的青草在春风的抚摸安慰下再次重生，并以崭新的面貌，展现其坚忍不拔的生命力。

　　从我出生的那刻起，闽台文化精粹便沉稳地流淌在我的血液之中。愚昧的我一味地认为它用自身捆绑住我，使我无法前行。没想到她是把她的文化底蕴注射至我体内，使从异地归乡的我完全康复。此后，我将背负着历史悠久的闽台文化，自豪地游走于天地之间，并尽一己绵薄之力让她流传后世，生生不息。

旅行的终点

□ 黄莞筑（台湾大学）

出发前往华安土楼的早晨，天空干净明亮，驱车几百里，拐进山路后便是漫山葱郁。拉开车窗帘时，七月的酷暑挟着稍显尖锐的炙热，猝不及防地蹭上脸庞，我眯起眼，有点怯于这份热情。暖阳照地，远处山陵层叠，如阵阵浪潮，在颠簸崎岖的行路上，竟有种波光粼粼的流动感，像海一样。

S，我想起来我是在海上失去了你的信号。

此行从金门前往厦门的海路上，海涛翻滚，船身乘风破浪地起伏摆荡，海水的颜色和天空一样混浊迷蒙。我趴着船杆紧盯着远处，仿佛再认真一些便能看见你的身影。手机有些温烫地运转，只见信号慢慢变微弱，最后消失成空心的柱状时，我突然有些怅然若失。

车行过丘陵间，矮小的茶树整齐地铺盖着大地，看起来充满使命，安分地蹲踞在山谷间，如守城的卫兵。而这里的确有城，有需要守护的家。从高处俯视，土楼就恪守在一畦畦茶园中，看起来显眼却又落寞。抵达土楼时，先用了午餐，餐桌上一扫前几天出现的多样海鲜菜肴，取而代之的是鸡鸭肉为主的料理。这时，我才发现自己离海已经很远，山野中有些回忆在蛰伏酝酿。

S，我们来自一样的家乡，不同的是，你恋家，我则喜欢流浪。小时候总是期待长大要离开小小的山城，到外头的世界去碰撞、去挑战。而你，总舍不得放下身边过于熟悉的事物，舍不得家乡，虽然它仅是生命中的客栈。高中毕业后，我去了台北开始崭新而缤纷的生活，你念了离家最近的一所"公立"大学，我们在各自的生活中努力充实着。记得某个冬日清晨，天色迷蒙灰暗，空气湿冷，我们搭上一班只有司机的公交车，左弯右拐地潜入山色。无数的回转与爬升后，你摇醒打瞌睡的我下车。

只见眼前梯田上一大片齐然有致的茶树，其上则云烟轻拂，缱绻地翻滚流动，在晨曦的微光下，茶树的翠绿忽明忽暗。你因家中种茶，学着家人的习惯，喜欢在午后沏茶邀我共饮，茶中有生活的味道，杂糅清淡的苦涩与甘甜。你说累了喜欢喝茶提神，茶香有着无以名状的温柔。"但我习惯喝咖啡耶，而且现在年轻人比较少冲茶来喝吧？"我笑着说。"我知道。"你说，笑容中有点无奈。"不然这样吧，下次我来泡咖啡，你泡茶，我们可以交流一下。"我提议道。"好啊。"你爽快地答应了。

S，茶叶与咖啡，都能让人保持清醒。

你在茶香中找到了家乡的温存，我在咖啡里沉醉着异国的情调。

跟随导游的引导来到土楼前时，面对紧密堆砌的巨大石块，突然有些困窘。高耸的石墙像堵厚重的牵挂，如果建筑有感情，土楼必是温驯、温吞的，历时数代才完成的土楼，有着土楼主人的坚忍和耐性，即使物是人非，土楼仍然在岁月里守护后代度过无数的白日黑夜。大伙儿从大门钻过一堵堵厚实的石墙，穿过一小群叫卖的人家，跟着导游的指引抬头向上望，才乍见重重天井后那片被框住的天空，像块湛蓝的手帕中带着几朵白云。

里头的空间比我们想象中的局促狭窄。由于建筑年代久远，楼梯和层板皆已老旧不堪，上层的家户只能在一楼的广场上略窥一二。一户户门窗向着中间的大广场挨连着，紧紧相依，像在冬日时大伙儿簇拥着火光取暖寒暄。

"我们会想你的。过年回来围炉好吗？"

"好。"

大学接近尾声时，我申请了学校的交换计划，要出国一年半载，你特地来台北为我送机。原以为自己会在异国自在地消磨充满送礼与办桌的年节，却在看见你泛红的眼眶后让步了。或许，我是在跟自己让步，也许自己到时真的会想念这些。

长大后对于家乡的传统节庆总少了些热情，也许是倦于应对长辈形式般的寒暄，常认为过年围炉徒具仪式。也许是担心后代子孙会因生活殊途而日渐疏离，团圆因而成了祖先留下的约定，它是送给一个家族，乃至一个民族的承诺和祝福，愿家人间感情深厚，愿原生的羁绊天长地久。

很久之后，我才理解你不说"我"，而是说"我们"的原因：那是来自整个家乡的挂念。你一直细心地替我收藏、提醒着，就怕哪天我奔波倦了想休息，会忘记这个永远的避风港。

广场上有两口水井，向下望还能看见井水在阳光下粼粼闪动。不知道风够得到池底吗？一小池碧绿色显得清澈而灵动，像面镜子，映着他人的倒影，却将自己藏在平静之下，无风无痕，让人无所捉摸。我探进井口想拍出一口圆井，但不管怎么调位置，画面中总会出现我的头和我拿着相机的手。检视这些瑕疵的照片时，我愈发觉得井口像只眼睛，而多出的我的身影落在水上的一点，很像眼珠。

S，也许因为时序进入秋冬，异国的生活显得沉闷，带点寂寥的沧桑感。看着校园中夹道的林荫从苍绿到金黄，最后零落剩枯枝参天，季节的流转也逐渐变得清晰起来。我常在周末背上简单的行李，买了车票，跳上电车，只为一睹秋枫冬雪。美景当前的那一刻总是喜悦激动，但却不免带着几分落寞：这是家乡少见的景色，这里是离你很远、很远的地方。

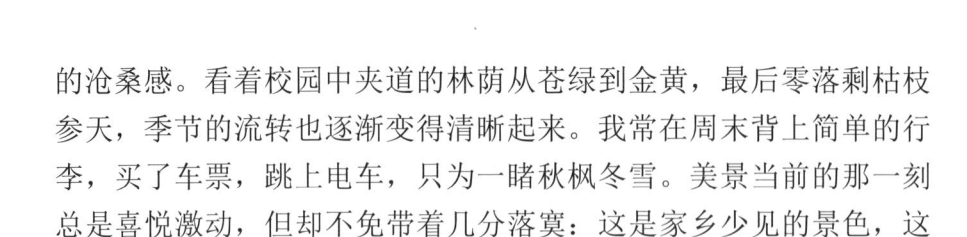

后来，我用相机试图捕捉眼前所见的美丽，一两周便寄一沓照片给你，背后写了几行心情和旅行纪录，要你帮我保管着，直到我回家。

S，我一直想用我的眼睛，替你看见家乡以外的世界。

但我没说的是，我想在镜头里、在视线中，看见你的身影。

S，是不是因为我的想念来得太晚，你才会在记忆里慢慢失焦？

回程已是向晚时分，手边仅是一张厦门港湾的夕阳，只因再深的夜色我希望同你走入。返回旅店的途中，经过了海上的公路，桥上明灯矗立，桥下暗潮汹涌，车行过交错的路口时能向下看到浪涛，水墨似的地翻滚，散溅又复归沉潜，反复如回音。听说经过海港时能望见金门岛的光，但我并不能确定，也许是海上烟波遮扰，光点显得恍惚朦胧。公路两侧的光点划出桥的轮廓，顺着那线明灭，我只能用视线想象已经抵达你在的小岛。入夜的小镇显得形单影薄，建筑上打着简约的光，灯火罗织，闪烁着像委婉的守候。整座城市失了眠，就怕没能接住那些望眼欲穿。

S，福建的山海和台湾有着相似的神韵，我似乎总在旅途的细节中撞见你的身影，翻涌的回忆让我重新惦记了你的重量和温暖。

S，旅行的终点是家。下一次渡海，我就真的回家了。

记得歌时，不记归时节

□ 黄宗智（台湾大学）

　　轻云微月，在恬静的夏夜里，只有蛙声片片相陪。吃过晚饭后，和妈妈出门散散步是我这两个月放假在家的习惯。我们走在仅有单向的小路上随意聊天，聊得也琐碎——那块田从前是哪户人家种的、小时候水沟里还有没有鱼等。有时也并不说话，就在没有路灯的小路上静静地走着。

　　一时整个夜晚只剩下蛙声此起彼落，像海浪似的。明明在田野之间，我却像是站在了海岸上，海浪反复地、哗哗地拍岸、消退，浪声似在呼唤着我。我有些迷茫，不由得抬头向远方望去——一艘船竟自地平线冒出，如豆的船影急速放大。它便那样破浪而来，席卷了漫天风云，越来越近——忽地蛙声大作，浪叠在浪上，无从招架，我被吞没在浪里……

前　盟

　　这是一场因前缘而有的际会。由于去年朋友来过，心向往之，所以这次自己也便来了厦门。刚到厦门却又碰上朋友去年的室友祖望，一个有着约莫在宋朝的老灵魂的人。见面不过半日，和他却如久别重逢般，已是无所不谈。我想，许是他俩缘分未尽，命运遣我来赴这场未完的约会吧。

　　然而在旅途中渐行渐远之后，我却发觉，这场约会并不仅于此。它比我想得更加幽微，也更加必然。幽微在于，它在不经意间向我叩问，让我无所遁逃；而必然的是，我们必然相遇。在山路间颠簸，在波涛上起伏，前定有约，我们要共同走这一段路。

乡　音

　　旅途中，大家沟通多讲普通话，虽我仍被说有着台湾腔，但并不妨碍表意。然而偶尔说起方言，也就是闽南话、福州话、客家话时，便出现了差异。特别是闽南话，由于福建多山，漳州和泉州腔调本会不同，早期在台湾可依此分辨祖籍。而现在除了鹿港、宜兰等地之外，台湾人说闽南话时的腔调则已混淆而难以区别了。在我的语言学报告中我是这么主张的：语言是一种生命，不同的语言在彼此接触之后会发生有机的变化，变质或是涵化，不断进行演变。比如"节目做完了"一句，在问卷结果的分析中，我发现该句认同度与闽南语能力高度相关。换句话说，因为受到闽南语的影响，在普通话中"做"这个词汇出现了"播放"的新义。

　　虽然方言的腔调会因地域、族群而有清浊、声调上的差异，语言会因彼此接触而不断演变，但我在《闽南传奇》中听到《爱拼才会赢》时，则发现两岸的学生同时对这首歌感到熟悉，甚至在晚会

大学组

表演中合唱。虽然学弟们的腔调有着差异，但在我看来，他们歌唱时的神情是一样的——那是对旧时的怀念、对长辈的孺慕。

　　人生可比是海上的波浪
　　有时起，有时落
　　好运，歹运，总嘛要照起工来行
　　三分天注定，七分靠打拼
　　爱拼才会赢

　　我想起了小时候和爸爸一起跟进香团的情景，在游览车上长辈们纷纷想展现自己其实不怎么样的歌喉。于是从小我听着闽南语歌长大，比如《黄昏的故乡》《海波浪》等，在上学途中也会随意哼个两段。但长大以后，由于这些歌往往作为选举时候选人的造势歌曲，对他们的厌恶使我渐渐地不再听闽南语歌了。然而许久未闻，再度听到这首《爱拼才会赢》时，竟是在隔了个海峡的对岸，甚至激动之下也跟着唱了起来。这一刻，我仿佛回到了过去，仍歌唱着那淳朴而可爱的人情——那是乡音。

乡　愁

旅途到了永春，余光中先生的故乡。在山林之间，我明白我是躲不开了。去年余先生过世时，我感到悲伤，却不敢对他做出评价——我害怕面对时代的兵荒马乱、历史的啼笑悲愤。而此刻它们却迎面袭来，我终究无所遁逃。虽仍难以坦然，但终得叩问自己。对于我，在台湾生长的我，当如何看待"乡愁"呢？

给我一瓢长江水啊长江水，那酒一样的长江水。
那醉酒的滋味是乡愁的滋味，给我一瓢长江水啊长江水。

给我一张海棠红啊海棠红，那血一样的海棠红。
那沸血的烧痛是乡愁的烧痛，给我一张海棠红啊海棠红。

给我一片雪花白啊雪花白，那信一样的雪花白。
那家信的等待是乡愁的等待，给我一片雪花白啊雪花白。

给我一朵腊梅香啊腊梅香，那母亲一样的腊梅香。
那母亲的芬芳是乡土的芬芳，给我一朵腊梅香啊腊梅香。

我们曾一同唱着《乡愁四韵》，为诗中的情怀哀愁着。但我不明白，我怎么会哀愁？这只是我第一次踏上祖国大陆。我想起了鼓浪屿，明亮、自在的鼓浪屿。虽然人潮如织、导游附会着故事，但我喜欢那海涛，它让我有股"海南万里真吾乡"的心安。然而偶然一瞥，日光岩下，郑成功的雕像按剑凝神。在其锐目凝视下，锦绣风景霎时裂开，此地染上了杀伐。郑成功收复了台湾，而其旧部施琅，却在降清之后又讨伐了郑克塽，再度平定台湾，封靖海侯。历史，当如何解释？本位错置之下，如何对人物正确地评价？海涛又拍打着岩岸，浪声隆隆，在水下回荡着的是历史的巨响。

而文学却能解释这一切。历史终究是人写的，客观的只有史实，而非史书。诗人的满身诗意——极其主观的诗意——终究是不必为他人服务的。诗人自能为其情怀哀愁，不需要向谁负责。当我读诗时，哀愁的也只是自己，亦非诗人，各人哀愁着各自的哀愁。如此看来文学较之历史，因多了暧昧的、主观的个人空间，而能避免可能的摩擦和不必要的争论。于是我坦然了，不再芥蒂，心安地唱着我的乡愁。

乡　关

千里搭长棚——没有不散的宴席。我明白，这趟旅途本是短暂。只是在手机坏了时、在与海岛失联时，觉得七天好长好长。想不到一眨眼就看到了尽头，一回首已在离途。

> 昔人已乘黄鹤去，此地空余黄鹤楼。
> 黄鹤一去不复返，白云千载空悠悠。
> 晴川历历汉阳树，芳草萋萋鹦鹉洲。
> 日暮乡关何处是，烟波江上使人愁。

你说一路很短，一生很长，期待日后相逢。
你说记忆总是美好，不要忘了彼此。
最后，我还是说了再见，尽管心中的不安呐喊着：这是最后一

面。我们还是互诉了离别，在这七月里，在这海波上。

  海涛逐渐止歇，浪声消停，水花迸裂，朦胧如烟散去，一切又清晰了起来。我还是在田间，短暂相遇的人们，仍在水一方。离别前的晚上，茶初凉、笔墨香，当时只道是寻常。至今在岛上想起，又添上了几分惆怅。你我相逢在黑夜的海上，在刹那间。虽说相濡以沫，不如相忘于江湖，终究少不更事，仍盼望江水能捎上记挂，我思君处君思我。除此之外，别无可为。只能将所言、笑颜藏诸回忆的窗格，收好，将盛夏的微凉酿成酒，只待好时节，逢君落花中。

  愿岁月静好，山水长念。

▲ 离别前的合影留念

问姓惊初见 称名忆旧容

□ 唐明秀（台湾大学）

> 十年离乱后，长大一相逢。
> 问姓惊初见，称名忆旧容。
> 别来沧海事，语罢暮天钟。
> 明日巴陵道，秋山又几重。
>
> ——李益《喜见外弟又言别》

关于"二手"的提议

"我们对于生活的体验往往是第二轮的。"这话大抵是这一两年我所面临的困境——说困境，好像就真的自陷囹圄了，还是换个比较中性的词：议题。一个并不影响我生活但仍想追寻的议题。

张爱玲说，我们是先看见了海的图画后见到海，先读过了爱情小说后才知道爱。生活的体验是二轮的，那么对于生活的感受是

"二手"的吗？二手，总让人觉得泛黄破旧，总是曾经属于某人，而后才到我手中，总是时间在线所无法"完全"占有的。二手，是被"一手"所削薄的，轻的，脆的，易剥落的，已经剥落的，易风化的，已经风化的，已缺失的……

完全、完整、完美的背面，并不是不全、不完整、不美，而是二手。

我对于生活的感受是二手的。金门往厦门的风浪有点大，晃荡得厉害的船上，我一面感受生理上的反胃，一面有点莞尔地想到：我是依着不知谁作的信息，模仿出爱、孤独，甚至智识的，或许只有这点反胃是全然出于"我"的。起初是隐微的感觉，这几年越发看见：所谓的"我"，除了那小小一点如尘埃的核心外，外层包贴的（像是有点皱皱的，从不同糖果上拆下的、不同材质的包装纸），都是模仿出的我的"样子"。"在这里的是我所没有选的我自己。"村上春树在《刺杀骑士团长》中如此写道："映在那里的我的脸，看起来好像是在某个地方分枝的自己，假想的一枝罢了。"或许其实也不是分枝的自己，不过是分枝的自己的样子罢了。我忍不住这样想。

要如何找到自己呢？我并不否认那些外层的包装纸也是某种程度上的"我"，但我最终的目标是那小小一点的核心，只有这核心是一手的。

港口在望，我也随着众人的脚步下了船。

闽与台，异与同

厦门同安鼓浪屿，华安永春福州城，七日光景倏忽即逝。

回想一开始报名海峡两岸共享阅读活动的初衷，或许只是某种对自己幼稚的反动。我向来有点不适应群体生活，也极力避免，不

大学组

7月17日，读书分享会

过当过惯离群索居的生活后，我又有点蠢蠢欲动了。除此之外，还有一种略为取巧的想法：毕竟没有尝试过参与这类活动，或许在过程中，可以稍微触摸到一点自己的核心也说不定。自己全然不参与规划的团体旅行、一片从未到过的土地，这种情况下会不会有更多的可能得到一手的体验呢？

　　旅行与阅读，后者经常是先行于前者的，尤其是在这个信息爆炸的时代。虽然总极力想避免二手的侵蚀，但出于完美主义，我有时仍忍不住在抵达景点之前先上网搜寻一番，生怕自己错过了什么。此次闽行，虽然也不能全然豁免，但总归是有一些零碎的体验"逃出生天"。

　　比如土笋冻。说来好笑，其实我的小伙伴在我吃之前曾仔细地给我介绍了一番，但可能是周边环境比较嘈杂，我只听到了诸如海边、挖出来、结冻等关键词，就是没听到"虫"，所以我以为土笋就是一种像是石花菜一样的植物，煮一煮会有胶状物质。一口尝下去，觉得味道还挺不错的，绵绵密密的口感，稍微有点淀粉味，又不像果冻一样甜得腻味，搭配香菜及黑醋，可说是清爽又合宜了，而其中所残留下来的菜（其实是土笋虫），嚼起来脆脆的，倒也和外层的冻口感互补。

　　上游览车后，为了在社交软件上发文，特别去搜寻了一下土笋的简介，一看之下才赫然惊觉：原来不是菜，是虫啊……后来想想，其实当时的无知也是一种幸运，如果我早知道的话，那我是万万不敢尝试的，而如此滋味，若因不必要的恐惧错过实在可惜。这滋味，正是一个全然一手的体验。

诚然，这样全然一手的体验于闽地终究是少数，多数时候，我仍能从我所行经的地方，找出一些数据上的影子，甚至有时候看见一个东西仿若是前所未见的，仔细想来，其实与台湾的某些文化、景观还是相通的。很有点"问姓惊初见，称名忆旧容"的味道。这种熟悉中带有差异，或说是差异中包含着熟悉的情形，或许就是闽地对台的特色吧。

在这趟旅程后，我慢慢地"相信"：二手或许是我要接受的真实。我所应当追求的，或许不是一手的经历，而是看见二手独立于一手的价值。二手不只是被一手所侵夺的、依附于一手而生的，同时它也是以一手为地基而加添砖瓦的，与一手同样富足的一种形式。二手与一手是平等且一样的——这是我消去了分别心后所得到的想法。

闽与台是一样的，人与人之间、地与地之间，其实并没我想的那么不同。这并不是说我忽视了确实存在的差异，而是此次闽行，我感受得更深的是生于相同之处的温情。不知道其他人的情形是怎么样的，但有一个场景我一直觉得很有趣味，甚至有一点小小的戏剧张力：我和我的小伙伴结束一天的行程回房之后，都会给男友打电话，有时是同时讲，有时是轮流讲，房间里面因此会有不同腔调的普通话（我们的腔调还会互相影响），夹杂泉州腔的闽南语、台湾腔的闽南语及日语，而内容及语气也大不相同。一起讲电话——虽然对象并非彼此——实在是个有点小赤裸乃至亲密的时刻。虽然表现形式不同，但我想在关系中所感觉到的温情、烦恼，甚至是对关系的期待，应该是我们所共有的吧。

七天的缘分起于码头，最后又回到了码头。我和小伙伴以一个仓促的拥抱打了个信结，作为某种中途点而非终点。我坐上了往金门的船，晃晃荡荡仍旧反胃，暂时不再思考关于二手的议题，只感觉到人我之间，情感是一样的，自我是一样的，离别也是一样的。

  明日巴陵道，秋山又几重。

闽游情缘

□ 吴佳颖（台湾世新大学）

启 程

有时候感谢自己那时候的勇敢，文字一直都不是我的特长，但这么不自信的我还是在最后一刻投出了稿件，意外得到了这次的机会，遇见这么好的你们；有时候讨厌自己那时候的矫情，离开的前一刻明明告诉自己千万不能哭，当眼泪落下时，我努力地抬起头来想让泪水倒流，最终还是在上船前一刻挥手时忍不住泪流。

北京、上海、广州、内蒙古、宁夏……曾经在走过这么多地方的我，对厦门的印象却始终停留在：一位住在金门的高中同学对我说，每当回金门不知道吃什么的时候，就会坐船到厦门吃个饭；上大学时，去厦门大学交换的学长跟我说，厦门和台湾很像，气候很像，食物也很像，如果你怕去其他地方不适应，可以选择来这里。这趟旅程就从我对厦门这样浅薄的认识开始，我期许用这七天来填满我对它的所有想象。

厦 门

但是对我来说，厦门到底是一个怎样的地方？那得从旅程的第一站——厦门北站的双创基地说起。我觉得厦门就像是在大陆的台湾，因为跟台湾的地理位置相近，加上"小三通"的发展让交通逐渐发达，这让那些有想法、有梦想、想到外面拼搏的年轻人有个地方可去；在遥远的彼方奋斗时，也能用最快的速度来适应；来这里的人既渴求着外面的机会，却又不想完全脱离原本属于自己的那些印记，尝试着在这个既熟悉又陌生的地方扎根立足，找到属于自己的支点，等时间到了的时候，尝试撑起自己的小小星球。所有在外漂泊的人，都是为了日后的稳定。和大多数人的北漂不同，台湾地区的人选择了一个与台湾更接近的地方落脚，渴望扎根。

那天晚上，到老院子欣赏了拥有多项专利的《闽南传奇》秀。从来没有想过一场表演可以是这个样子，360度无死角的旋转舞台，伴随着水、陆、空多名表演者的配合，不管是武打还是高空跳水，从天造鹭岛到福佑华夏，每个篇章都让人惊喜。这时厦门给我的感觉是追求极致的创新，要做就要做别人想不到、做不到的，挑战别人，也超越自我。

土 楼

那个或圆或方，看似与外界隔绝却又保持联通，只在高中历史课本与动画片《大鱼海棠》中出现过的大房子，有着毫无修饰的朴实称号——"土楼"。我们参观的土楼中，有着"土楼之王"之称的二宜楼，宜山宜水、宜家宜室、宜子宜孙，这些都是蒋家人对于这栋土楼的期望。如果说易守难攻是它的特性，那我想对子孙们的庇护就是它存在的意义。从清朝的乾隆时期起建，至今已有两

百多年的历史，建筑却依旧坚固，从大门进去的两面墙壁上悬挂着西方的壁画，令人惊奇的是竟然有裸女画，不得不称赞蒋家祖先的前卫，在外游走之际，也不忘让子孙开开眼界，见识西方人不同于我们的大胆的生活风格。蒋家的后代子孙现在仍生活在这个充满祝福的宝地里生活。在这个喧嚣的尘世中，二宜楼就像是个桃花源一般，让他们远离了繁杂与纷扰，过着与世无争的生活。

永 春

比起"永春"，更多人知道的是"咏春"。因为电影《叶问》的票房大卖，顺带让这套拳法也在世人间流传，据说咏春拳是从永春白鹤拳转化而成。但"咏春"的大热，并没有带来"永春"的兴起。若不是因为到了这里，我想也很少人会特别去深究它的起源。这次，我们到了余光中文学馆参观，这小小的文学馆中却收藏着他无数的作品、手稿，甚至还有他本人的仿真蜡像。余光中先生在这里居住的时间并不长，却花了一辈子的时间来思念这个家乡。世人善记，哪怕一瞬间也像是永远，乡愁是不间断的情话；世人善忘，哪怕叶问红极了一时，永春也不会在心头刻下一笔一画。记的不同，忘的也不一样。

归　途

　　七天之后，在福建这样兜兜转转地绕了一圈，最后我们还是回到了相遇的起点——五通码头。但这次我们不再是微笑相见，而是洒泪告别。那些来不及看的风景，来不及认识的伙伴，不管有多少来不及，终究还是无法改变。但是几天里，我感受到的是大家对"家"的情怀，台湾的青年远离家乡打拼，最终还是舍不得远走，选择在厦门驻足，寻找家的味道；土楼的建造者们为了庇护自己的子孙，亲手帮他们筑一个遮风挡雨的家，让他们免于外界的纷扰；余光中先生的各式文章，不乏对家乡的思念与追寻，他在那些字字句句中试图找到止住乡愁的良方。短暂的离开，是为了让自己变得更好时再相见。再见，我们一定会再见面。

▲ 离别前的合影留念

七闽山水多灵秀

□ 徐意涵（台湾成功大学）

楔　子

既夜，车子飞驰在高速公路上，一盏盏白色路灯迅速从车顶掠过，留下忽明忽灭的光影。

刚刚离开台南，驶向嘉义，爸爸便打开车上的广播，因为信号不好，车载音响中传出了一些破碎的沙沙声。

"虽然现在多以'八闽'代指福建，不过'七闽'也曾用以泛指福建地区。早在北宋时，宋真宗赵恒就曾经写了一首诗送给福州的小神童蔡伯俙，题目就定为《赐蔡伯俙》，而其中的第一句'七闽山水多灵秀'便包括了福建的山清水秀、地灵人杰……"

"'七闽山水多灵秀'？真的吗？"我歪了歪头，目光落在车窗外暗沉沉的田埂间。

福建，到底是个什么样子？

"反正明天就要出发了，你亲自去看看不就知道了？"爸爸侧过头来对我眨了眨眼睛，却没有给我一个准确的答案。

"希望不会让我失望。"我怀着小小的期待，浅浅一笑，就见车窗玻璃上清晰地倒映出我隐隐的笑意。

半夜的高速公路，没有多少车辆行驶，爸爸的车就像一把划破黑色绢布的锋利刀子，将沉沉夜色一分为二。

七

初见三坊七巷时，首先映入眼帘的是古色古香的石制牌坊，上头题着金色的"南后街"三个大字及一副对联："仁里拂春风，且看锦肆绵延，琼楼轮奂；广衢萦古韵，共赏书香浓郁，雅乐悠扬。"而由牌坊向内望，便是长长的南后街，亦是所谓的"三坊七巷"。

据说，三坊七巷里有许多名人的故居，但沿着主街道看去，虽然楼房依旧泛着古意，却充斥着现代商店及饮料摊，吆喝声不绝于耳，令人难以忽略。然而，拐进横岔出去的坊巷里后，却仿佛踏进了世外桃源，与主街道有着截然不同的感受，这个感觉在踏进宫巷时，尤为鲜明。

记得当时转进宫巷前，我与友人还在宫巷的小牌坊前驻足了好一会儿，因为与主街道的热闹相比，宫巷内真的太过安静了。看起来似乎没有尽头的幽静巷道内，只有两个穿着制服的保安握着竹扫帚在聊天，讨论着一旁幼儿园里的小朋友此时是不是正在午休。

"这条巷子真的有什么特别的东西吗？"我心里不禁有些质疑。

抱着姑且一试的心态踏进宫巷，撑着阳伞踏在铺得平直的石板砖上，我本还对这条巷子有些不以为意，谁知下一秒就见到了"沈葆桢故居"。

沈葆桢，说起来与台湾也曾有过一段渊源，记得以前就曾经在

历史课本上读过这号人物。1874年，沈葆桢以钦差大臣的身份来台驻守，并积极建设台湾，使台湾得到进一步的建设及治理。本来以为这个名字会永远被我留在高中的历史课本里，怎么能想到今日在三坊七巷中，我又重新见到了他？

因为那是私人住宅，不开放参观，我们只能在外头拍拍照片。看着照片中那已经斑驳落漆的朱红色大门及门口的两盏红灯笼，我不禁猜想，当年沈葆桢是不是也曾经站在我正站着的位置，邀请前来拜托他出山的左宗棠入内详谈？

从宫巷出来后，我再次汇入南后街的人流，往集合地点移动。蓝天、白云、绿树、古屋，在三坊七巷现代与古典的融合交会所碰撞出的巨响中，依旧有如宫巷这样的一方"静"土，真好。

闽

来到厦门老院子，没能好好参观老院子民俗文化风情园，真的是件很可惜的事，不过《闽南传奇》表演秀，也算是我初到厦门时感受到的一大震撼。只见正圆形的神游华夏大剧院就静静地伫立在老院子景区里，橘黄色的夕阳在金属顶盖上反射出层层亮纹，更增加了它的壮阔感。

表演中，将鹭岛的形成、下南洋的历险及妈祖信仰等闽南元素融入表演。到了最后，只见妈祖像缓缓从舞台下升起，随着它越升越高，我不禁惊讶于它的高大，目测大约超过了十五米。仰望着妈祖低垂的弯弯眉眼，虽然身在室内，却仿佛能在它的眼里见到宁静温暖的万家灯火。

记得小时候第一次与爷爷到妈祖庙去，爷爷就曾握着我的手对我说："这个是妈祖，可以保佑我们平安，所以要好好拜拜。"听了爷爷的话，我懵懵懂懂地看向那端坐在供桌上的神像，心里却油然升起了一股敬意。

或许小小年纪的我还不是很明白什么叫"保佑"、什么叫"拜拜"，但是我却理解了，这个叫"妈祖"的神会对我们好。或许就是因为心底那一点点信任的小苗，让我不管身在何处，看到妈祖时，总会分外感动。

踏出剧院时，我的手上还握着《闽南传奇》门票的票根。视线落在墨黑的夜空中，一幕幕影像仿佛又在上头投射出来，从最初的惊心动魄走向最后的民康物阜，闽南人不畏艰苦的精神始终令我深深敬佩、信仰着。

山

走访华安大地土楼群，是我离祖籍地最近的一次，以前就曾听父亲提过我们的祖先来自漳州，因此当我真的踏上漳州的土地时，心里还是有几分小小的激动。

沿着砖板路朝尽头看去，碧蓝的天、棉花一样的云，连接着绵延不尽的青山，而群山环绕的中心点，便是土黄的圆楼——华安土楼。

过去，土楼的照片只存在于我的地理课本中，因此当我亲眼见到土楼内部，真的有些震撼，仿佛误入了幽浮禁区一般。站在圆心处环视整座土楼，感觉它就像沉睡在群山怀抱中的巨人，历经多年来的风雨、战乱，却依旧以最安稳朴实的姿态，守护着世世代代生活在这儿的人们。

趁着导游开放我们自由参观的时间，我与好友一同绕出土楼、踏上一旁罕无人烟的小坡。小坡上是几块菜地，弥漫着淡淡的尿骚味，虽然不太好闻，却备感熟悉。

儿时，在住家附近有一大片被规划成停车场的空地及鱼塘，平时那儿没什么车子，所以就成了我课后最常玩耍的地方。从我家到停车场，也会经过一个土坡，土坡旁是一个奶奶的菜地。第一次经过那片菜地时，我就曾被扑面而来的尿骚味吓了一跳，但那个奶奶却只是一边从桶子里舀出液体浇进地里，一边对我说："不要怕，这可是大自然最好的肥料。"

望着眼前差别不大的菜地，那个奶奶混合着客家腔的普通话却依旧响在耳畔。取之于自然，用之于自然，我想，这大概就是这座"二宜楼"两百多年来不变的法则吧。

水

乘着船，在阵阵波涛声中，我们抵达了鼓浪屿。小时候在读民间传说故事时，印象中曾见过跟鼓浪屿相关的内容，故事中好像描述了勇士们在海边以鼓声击退了大海怪，现在已经记不清细节，但是"鼓浪屿"这个名字却在我心里留下了印象。

鼓浪屿，又被称为"钢琴之岛"，岛上还有一座钢琴博物馆。但最吸引我注意的不是那些琴，而是包围着这栋钢琴博物馆的"菽庄花园"。

菽庄花园，由清末富绅林尔嘉在鼓浪屿所建。初踏入菽庄花园时，眼前的景象不禁使我想起一处熟悉的地方——板桥林家花园。我父亲的童年便是在那附近度过的，彼时林家花园还未经过整修，深夜时总会显得阴气森森，于是父亲、叔叔与几个堂表兄弟就常溜进去，将那儿当成鬼屋探险。后来经过规划整修，父亲带我与弟弟妹妹重游林家花园时，总要感叹一番。

与板桥林家花园不同的是，菽庄花园囊括了一片海域，也不知是园里包着海，还是海里容着园。弯弯窄窄的廊道沿着海岸线绕出去，与写着"枕流"的大石遥遥对望，再缠着岩石假山向顶上的钢

▲ 7月16日，同学们听台湾师范大学潘丽珠教授讲解朱熹理学思想

琴博物馆延伸，仿佛一条秘密通道，踏入了，就能找到其中的桃源仙境。

"初极狭，才通人；复行数十步，豁然开朗……"吟诵着陶渊明的《桃花源记》走出菽庄花园时，似乎还能听见里头涛声阵阵，引人无限遐思。

多

在夕阳余晖下走过天桥抵达曾厝垵，网上说这里是中国最文艺的渔村，不禁引起我的好奇。眼前这布满各色小吃及摊位的街道，为何说是"最文艺的渔村"呢？后来才明白，原来我们去的那条街并不是主要文艺悠闲的地方，因此自然见不到曾厝垵的文艺之处。不过也没关系，因为在我们造访的那条街上，我也体验到了一些不一样的感受。

街道两侧满是摊贩的吆喝声，从写着"曾厝垵"的牌坊下走过，迎面便扑来阵阵烟火气。若想体会被热情的叫卖簇拥的热闹氛围，在傍晚以后来到曾厝垵，就是再好不过的选择了。

这儿有各种各样的小吃，从与本地海产相关的蚵仔煎、烤鱿鱼到德国产的馥郁果茶，无不吸引着游人的鼻腔及味蕾，让人总想每一样都尝试一遍。在各种摊位中，因为邻近海岸，因此海鲜自然是最引人注目的，在这里就卖着许多海鲜，鱿鱼、鲜蚝、膏蟹……应有尽有多年前去澎湖玩的时候，我都不曾亲眼见过这么丰富多元的海产，这对我这个海鲜狂热者而言，真的有着莫大的吸引力。

拿着一串烤鱿鱼再次踏上天桥时，夕阳还没完全落下海面，回头再看一眼曾厝垵，里头依旧人头攒动、笑语欢声。或许，这就是所谓红尘烟火中的小小幸福吧。

灵

来到同安孔庙，除了因为见过台南孔庙而感到熟悉外，同样使我感到熟悉的，大概就是朱熹了吧。南宋著名理学家朱熹在担任同安主簿时，在同安孔庙中增建了经史阁、教思堂、苏公祠和志道斋，使同安孔庙渐渐有了今天的样子，因此说到同安孔庙，似乎也不能不提朱熹。

小时候，家里的墙上就曾挂了一幅毛笔字："勿损人而利己，勿妒贤而嫉能。"以前也就这么看着，后来才发现这句话其实出自《朱子家训》。朱熹对儒学一直有极大的贡献，随着世代演变，许多事情已经无法完全比照周朝的生活模式，但朱熹并没有因此而全然抛弃儒家的观念，而是在既有的儒学基础上加以统整、革新、传承，使得后代的莘莘学子也能受到儒学的陶冶，领略中华文化的奥妙精深。不得不说，朱熹除了传承了博大的中华文化，更对净化后世人心起到了至关重要的作用。

看着同安孔庙前灰底红字的兴贤育才坊，衬着湛蓝清澈的天空,在明亮的阳光下屹立不动,耳畔似乎也再次响起了学童琅琅的读书声:"学而时习之,不亦说乎?有朋自远方来,不亦乐乎?人不知而不愠,不亦君子乎?……"

秀

"惊蛰一过,春寒加剧。先是料料峭峭,继而雨季开始,时而淋淋漓漓,时而淅淅沥沥,天潮潮地湿湿,即连在梦里,也似乎把伞撑着。而就凭一把伞,躲过一阵潇潇的冷雨,也躲不过整个雨季。连思想也都是潮润润的……"

《听听那冷雨》是余光中先生的名篇,通篇都是湿漉漉的乡愁,每当提到余光中先生的散文,似乎就非提这篇不可。

抵达位于永春的"余光中文学馆"时,白墙灰瓦的建筑,仿佛一纸铺在山间的水墨,静谧而美好,也衬托出了恬淡秀雅的文学气息。而馆中不但展示了余光中先生相关的作品、手稿,更有关于永春的一些特色介绍,比如纸织画、永春香等。

初踏入余光中文学馆时,就会见到一尊余光中先生的蜡像。以绿意盎然的树丛及木制屏风为景,余光中先生戴着一副老花眼镜,端坐在书桌前翻阅着手上的书。近九十个年头的乡愁与沉淀仿佛全聚集于这个瞬间,融合在室内悠闲的书香里,蓦地使我悄悄红了眼眶。

乡愁是一枚邮票、一张船票、一方坟墓、一湾海峡,更是一段醉酒的苦涩滋味,这股味道在余光中先生的生命里萦绕了大半岁月,也因此淬炼出先生笔下省略了句读的浓浓愁绪,怎能不令人唏嘘?

"……厦门街的雨巷走了二十年与记忆等长,一座无瓦的公寓在巷底等他,一盏灯在楼上的雨窗子里,等他回去,向晚餐后的沉思冥想去整理青苔深深的记忆。前尘隔海。古屋不再。听听那冷雨。"

尾 声

由五通码头经过检查站上船，在引擎与海浪奋力打架的声音中，在手机信号时有时无的游离中，我才确切地感受到自己真的要离开福建了。

看着厦门岛在视线中渐渐消失，不免感到不舍，不过更多的却是满满的感动。

福建，是一个独特又神奇的地方。它不是岛屿，却依山傍海；不是首都，却人文荟萃。仿佛一块受到妈祖庇佑的风水宝地，真不愧是"七闽山水多灵秀"啊！

▲7月19日，周梁泉馆长带两岸学子参观余光中文学馆

大学组

福建文化行旅

□ 杨宴姗（台湾辅仁大学）

缘 起

给我一瓢长江水啊长江水
那酒一样的长江水
那醉酒的滋味是乡愁的滋味
给我一瓢长江水啊长江水

悠缓的曲调在空中盘桓，这不是我第一次轻声低吟，却是我第一次有如此深刻的感受。土生土长于台湾岛上的年轻学子，对于祖国大陆这片土地自然不会有乡愁，可我自高中即离家到城市求学，那种思乡情感或许能有那么一点相似。祖大陆，是个陌生却又熟悉的地方。我在课本上读过她经历大风大浪的年华，亦在画纸上勾勒过那模糊的海棠模样。一直对大陆感到好奇，那样古老悠远的历史所孕育出来的人文风景，会是什么样子呢？

闽南传奇的奇幻旅程

用厦门老院子的《闽南传奇》演出来展开这趟旅程是美好的。那些在心里已生了根的闽南历史记忆，由精彩的展演唤醒。高科技与传统文化的融合让人叹为观止，在书中或是在电影中能看到的场景活跃于眼前。硝烟四起、战马疾驰，惊心动魄的情景将观众情绪带上高潮；继而乐音转为忧戚，先人离情依依、越洋艰辛，心境不觉如水面上的小船摇晃；随着胼手胝足的开垦，社会逐渐发展，以至欣欣向荣。

移动式的观众席让我们可以饱览不同时期的场景，精致的布景勾勒出先民的生活样貌，表演者们精湛的肢体动作展现出力与美，有时是高空跳水特技令人倒吸一口气，有时是霓裳羽衣蹁跹起舞让人如至仙境。搭配着悠扬的乐声，有奇幻如精灵现踪，有凄楚悲泣摄人心魂，有华丽的、热闹的锣鼓喧腾。

从《闽南传奇》中，我们得以窥见过往历史的兴衰与时序递嬗，高科技与传统文化融合成了多方感官的飨宴，福建行旅，就这样展开了。

城坊旧事

一直很喜欢中国的古典文化，纵使有些古文生涩难懂，但却也能在行文中见到流露的智慧，其中我觉得诗歌是很优雅的，记得年幼时小学资优班老师给我们读、背词曲，起初觉得其音韵及文字很美，随着年龄渐长，更能对其意境感同身受而有所体会。对于诗歌中描绘的古代中国之景我总是向往，梧桐细雨、杨柳斜阳、飞燕落花、小桥流水人家，这些向往在鼓浪屿的菽庄花园、名人故居及三坊七巷中得以满足。

鼓浪屿是个充满人文艺术的所在，各国历史建筑的遗迹定格了时光。漫步于巷弄间，郁郁夏木成荫，花儿馨香拂过脸庞，遥想过往钢琴声曾徘徊于每户人家，即使汗水濡湿衣襟仍觉神气清朗。菽庄花园里别致且富含古典寓意的设计，让往来的游人们将明媚山水尽收眼底，真有"水光潋滟晴方好"之感。如此佳景，有好文共赏便是人间一大乐事，我们在"猫头鹰楼"的外图书店停下了脚步，维多利亚风格的建筑之内是明亮典雅的陈设，有着海峡两岸暨香港、澳门的图书。我们便在这里认识林语堂先生，讨论他的著作《生活的艺术》，这次的选读篇章《论游览》，更让我们可以思考旅行的意义。

在千年古城的三坊七巷中，我们仿佛穿越了时空，文人儒士的流风余韵体现于精致的雕廊画栋，岁月的沧桑丝毫遮掩不了大红门与灰墙青瓦展现的当年辉煌伟业，热闹的街市仍贩卖古玩与纸伞，

▲7月19日，同学们听周梁泉馆长讲解余光中生平

但更多的是现代商店自自然然地以古风姿态隐入这座历史悠久的小城，形成别样的面貌。在三坊七巷的特色邮局里，我消磨了一半的自由时光，只能叹无法以非游人之姿，徐徐细品每一处屋瓦、每一个转角的情趣韵味。有太多的名士在这里开创家业。在林觉民故居中，我们遥想其写下《与妻书》时的心境，从手稿的字迹凌乱中仿佛能看见在昏黄微光下的他眉宇深锁处的哀痛。厅堂转角，能见林觉民义士与妻子一同读书的雕像，阳光洒下，树影斑斓，且让美好停留于此吧！在林则徐纪念馆中，从柱上、墙上的题词处处可见他的正义凛然与后人对他的景仰，关于林则徐的事迹我们早已熟悉，但在此处我们更了解了他的生平，以及是什么样的环境可以孕育出这样的义士。在出口处种有一小片竹林，苍苍翠翠，不禁让人想起宋代诗人徐庭筠的诗句："未出土时便有节，及凌云处尚虚心。"我想，这正符合林则徐的高尚情操。

土楼印象

车子蜿蜒过山路，窗外的景色转为一大片、一大片的茶树，顺着山势连绵迭起，终于，我们来到了有三百年客家文化历史的永定土楼。在此之前，我先欣赏过以土楼为动画背景的电影《大鱼海棠》，电影中的土楼壮丽唯美，楼角大红灯笼融合了中国传统与神秘的魔幻力量，门廊上的雕刻带有灵性，掌管世间的神灵住在这圆形巨大的建筑里。但当亲眼一见，感觉又是全然不同了。这里是淳朴的小农村，土壤杂糅青草味，在炎炎夏日里是温温的气息。导览员阿姨戴着斗笠、身着花布衣，笑容可掬的热情让初次见面的土楼多了浓浓的人情味。

土楼的设计富有诸多巧思，外表朴实粗犷，与广袤天地合而为一，更引用了左青龙、右白虎、前朱雀、后玄武的典故，想象与这片大山大水交相辉映。门庭与梁柱间的雕饰精巧，古朴而典雅，连排水孔也是苹果形状，寓以平安之意。土楼能防御盗贼，内部冬暖夏凉，直到现代仍有人生活于此，土楼的历史脉络是鲜活的，在这里的居民们迎来送往，其中的文化也随着时光变迁推移，老宅子里流着的是代代血脉的联结。当人们去异乡打拼时，应当更会记得，这座同心圆大宅里流传的先民故事吧！

永春，永远的春天

"万紫千红花不谢，冬暖夏凉四序春。"永春，永远的春天，多么美的呼唤！这里是一代乡愁诗人余光中先生心心念念的故乡。多少人读《乡愁》为之鼻酸，泪水落入一湾浅浅的海峡。从小熟读其诗句作品的我对于这个地方很是好奇。在余光中文学馆中，我们听着导览员说着余老先生充满童趣的过往故事；读着手稿，看他的思绪脉络变化灵动。余老先生的蜡像和蔼可亲，犹如他就在这里。潘老师更带着我们吟唱他的《乡愁四韵》，身

临其境，更有感触。

　　傍晚时分，我与大陆朋友们到附近的公园、街市散步，体验小县城安逸闲适的生活。这里的一切怕是和几十年前余光中先生的生活场景迥然不同，但是永春在转向现代化之际，仍然保存着许多传统的美好：河堤旁略微斑驳的墙壁上有着白鹤拳的招式图样，路过水果摊有岵山荔枝白嫩甜，还有美味面线糊、弹牙榜舍龟等当地特色小吃。在有"通仙桥"之称的东关桥上，当地长者们在桥上打着牌、小孩子们骑着单车对着我们天真地笑，多么和谐的生活！我们在这里和着山、映着水，留下一帧帧灿烂的纪念，无怪乎余光中先生吟道："乡心应似桃溪水，长怀来处是永春。"

别

　　时光烂漫，可我们这群游人只是在悠悠岁月中擦身而过。中国大陆那么广大、那么深邃，我依然看不透那薄薄的面纱，但似乎更熟悉了一点吧——那神秘的、拥有万千风貌的大陆。

大学组

透过镜头

□ 游皓颖（台湾艺术大学）

  他们的时间和注意力已完全消耗于拍摄照片之中，以至反而无暇去细看各种景物了。这种照片固然可供他们在空的时候慢慢地阅看，但如此的照片，世界各处哪里买不到，又何必巴巴地费了许多事特地自己去拍摄。

——林语堂

  "又何必巴巴地费了许多事特地自己去拍摄？"是呀，我拍街道上的日常、拍土楼的天工、拍鼓浪屿的风光……把所有的精气神贡献给每一张照片。凯萨大帝曾说："我来，我见，我征服。"而我对摄影也是这般热血，双眼即是镜头，无时无刻在捕捉光影、捕捉角度，以至于当导览员滔滔不绝、学员们凝神听讲时，我总擅自跑向他处细细观赏。惯于透过视觉去理解这般繁复而简单的世界，听觉呢？早落下了，何况导览员的解说，是要结合耳朵和脑袋瓜才能吸收的。一直

不是可以一心二用的人，再说我对摄影一向是如此全心全意，生怕错过了仅此一遇的瞬间，因此时常是透过照片对这个景点做了微观到宏观的全面论述后，对于此地仍是一知半解。

　　在鼓浪屿，耳边不时传来细微的喃喃呓语，漫步于这般雅致多彩的岛屿，满脑子全是如何拍摄以呈现它最迷人的一面，导览员的字字句句早消融在热辣辣的艳阳里。说来惭愧，那双黑珠子是肤浅的，看上了美的事物便急急地驱使我去拍摄，也不顾我的脑袋有没有理解它。一条条由各国建筑物点缀两边的街道、一间间文艺而典雅的书店、一个个充满设计感的招牌图像，我的双眸直直勾地盯着它们，硬拉着镜头东奔西转，脚也不听使唤，烂漫地沉浸在这小岛情调，脚步都缓了、柔了，差点没醉了，脑袋终于还是派上用场，提醒着双眼："你的老师、你的同学，还看得见吗？"耳朵仍安安静静地听着耳机的导览，但脑袋始终没跟上，全变成细碎的呓语。

　　在土楼群，一切幻想终于从课本上的那张图片走了出来。可惜不能两全其美，埋头苦读地理课本时，拼命地去理解土楼的特色与价值，老老实实地全背了下来，但总只能盯着照片看。好不容易在漫漫车程后抵达了土楼群，是真的那样一个阔大、结实的圆楼安坐在眼前，真真切切地触碰到它的朴实无华、它的岁月沧桑，都刻在了那石墙上。脑袋和耳朵说好这次要联手专注，不让那样一个比课本更深更远的知识白白溜走，但眼睛啊，又夺得先机，直盯着门上的红色对联——民居、瑰宝，充满生气的书法字乘载着世代居民对土楼的景仰与祝福，镜头对焦、快门一响，两副对联就这么安放进我那方盒里，无声无息，是偷偷地，但绝不是小偷。我的双眸是那样灵动，不到一晌，身体的主人已经是眼睛了，双脚跟着它兜圈，说停它就停，脑袋和耳朵也早已弃械投降。从土楼的茶到土楼的人、从土楼的田到土楼的房，我追随着他们的光影，像追着风筝的孩子般那样热情无邪，但背后那广博深远的知识意涵，我想我老是遗漏。

我大概是林语堂先生所不认同的那种旅人吧。

每一种艺术都有自己"看"的方式，也有"听"和"触"的感觉。摄影的发明，正显露出心的"人性企图"，它替我们和世界做了全新的交谈，摄影可能是呈现人类情绪最忠实的媒介。

——Manuel A. Bravo

"又何必巴巴地费了许多事特地自己去拍摄？"

因为这是我观看世界的方式，每一张的拍摄角度、摄影题材，是我对这个世界的看法，看照片，看到的是表面的景物，却也隐约投射出我的内心。到了一个地方，我选择以不同的方式了解这里的文化风貌，透过镜头潜入福建与台湾之间深厚的闽南血液，划龙舟的壁画、庙宇的屋檐造型与小吃招牌前方的"台湾"两字；在路上

听到说着闽南话的摊贩，顿觉倍感亲切，即便我和他们并无交谈，而是透过相机去交流。有时为了拍摄美食，而用心感受每一道料理，从外观到入口，我拍的不仅仅是食物，而是我对文化的感悟，下咽后的再次回味。喜欢摄影的旅人眼睛要装的东西太多了，每一个角落都是一方天地。

在三坊七巷，我甘心当个称职的观光客，去赞叹那样复古的麦当劳、屈臣氏，虽然知道是刻意人为，有些造作，但这种新旧的撞击对我来说绝对新鲜，是绝对适合收藏在快门下的。拖着人力车的阿伯，身后坐着穿着时尚的年轻人，车夫的胡子下没有笑容，后头的两位却有说有笑、忙着自拍，再一次的撞击、再一次的收藏。潜入巷内，纯白静谧的宅院连快门声都显得嘈杂，进入其中一间文创商店，年轻人的创意在古朴的环抱下得到新的诠释。镜头底下，这座古老的街区隐隐流动着现代的气息。

中山路上，融合着闽南风格与欧式特色的骑楼建筑，白净整齐，阳光照在整条大街上，温柔和煦让白色有了最直接的光影变化。走在宽阔的街道上，整个人也开阔舒朗了起来，建筑、光影、行人，各有属于他们的位置。骑楼下，即便没有阳光的照射，人来人往，货品琳琅满目的商店，这些会使你躁动起来。而摄影师那双黑珠子也骨碌碌地左转右转，仿佛变成一种反射动作般，去接收每一道映入眼帘的风景，我拿着相机急急地拍摄，渴望定格每一个瞬间。

每一天，你们谈天学习、讲述，你们的一颦一笑、一举一动，都成为镜头下形形色色的主角。营队中熟悉的同学虽不在多，但我的那方盒子却认得每一位。对焦的那一刹那，我已准备开始跟你搭话，快门一按，一场对话完成，胜过千言万语。

我大概是林语堂先生所不认同的那种旅人，但至少我认同自己这样的旅行方式。

仲夏闽南之游

□ 朱芳廷（台湾南华大学）

"好热啊！"我眯着眼，双手低垂。阳光炙热无比，一丝阴云都无处可见。勉强抬起头透过鸭舌帽檐看出去，路旁大大的简体字广告牌提醒着我，我是在大陆。

对未知的兴奋填满我的双脚，让我可以迈开步伐继续行走，期待着接下来七天中可以遇到有趣的人、事、物。

仲夏之热　异同之处

大学最后的暑假，七月的酷热比往年更加令人难耐。贴在玻璃上俯瞰下方飞机停于跑道，我一直认为，飞机与出游应画上等号，但在交通工具上嗜睡的习惯，却让我一路迷迷糊糊地到达港口。反射弧特长的我看着窗外的柏油路，在昏昏欲睡中意识到，这里与台湾不同，马路上奔驰的交通工具、来往的行人、街上的风景都一再提醒我身处何处。

"你有立可带吗？"前方的台湾同学询问我。

"塞在行李箱中。"漫长行走身上的背包越轻越好，多余但会用到的物品全被我塞进崭新的大行李箱中，出发前妈妈笑道，刚买的新行李箱首次出征就被我带上了。

"你跟室友借借看？"我看着她略为急躁的脸提议道。

"大陆学生不用立可带的。"她摇摇头，说出令我讶异的话，好奇心被好友们誉为可以杀死千只猫的我立刻转身询问好伙伴。

"你们不用立可带，那写错字怎么办？"

"划两杠，老师就知道那是你写错了。"听到这回答，我想到有段时间自己的高错字比例，涂涂改改都会留下痕迹，更何况只是划掉那个错字？

"那一直写错字不就很多地方都划来划去了。那样子，笔记本一定乱七八糟。"

"所以我们很小心，尽量不让自己写错字。"

我感到意外，写错字涂立可带是多年学生身份养成的反射动作，有一个可以掩盖错误的工具，当然不会在意写字时的细心度。多画一横，涂；字写歪了，涂。时间久了，我的字迹就摇摇摆摆地横在线上跳舞，尝试突破框架。

巴士摇啊摇，载着我们游荡在闽南地区，曾厝垵人潮的拥挤让我想起假日家乡的花市，四周腔调各异的嘈杂声交错着闽南语，我抿着嘴开始对好伙伴说起闽南语。

"你闽南话说得不错，"好伙伴认证，"我听得懂你在说什么。"

语言最大的功用是让人与人之间可以交流彼此的想法与感受，我又想起阿公的唠叨："咩要工待语，你是挖陷喔！"（请用闽南语念念看）与长辈沟通让我的闽南语是同辈孩子中最流利的，但与长辈一比，还是有奇怪的口音。

"你说得很好了，我讲闽南话别人都听不懂。"另一位小伙伴嚷着，听着大陆学生交谈，我发现他们有考"普通话"。念头一转，中国地广，南北口音一定有所差异，一年级时与学长、学姐、教授游历敦煌，想在公共场合说话但不想被听见，我与学长都会切换回闽南语，仗着敦煌与闽南地区相隔遥远，旁人听懂的概率甚小，不过此刻我在闽南沿海，随着风吹拂，带来淡淡的海水咸味，咦？这附近有海吗？我抽了抽鼻子，干笑地揉揉鼻头，原来是街旁店铺飘出的食物香味。

"闽南语说多了，有时改口不过来就会形成'台湾普通话'。"我笑着对好伙伴分享，"最常就是将'老师'喊成'老苏'，我兴奋时总会如此。"有次在走廊上遇见老师很开心，一打招呼，老师哭笑不得，说我替他"改姓"了！

两岸的学生凑在一起总有说不完的话题，从校园到日常有无数的差异与趣事可以分享，从曾厝垵聊到中山路，我除了谈天说笑，也观察着四周街景。

曾厝垵感觉像是准备好给观光客的旅游景点，四周擦肩而过的路人拖着行李箱漫步在各间纪念品店、小吃摊；而中山路邻近到达鼓浪屿的港口，更精致、华美的百货公司赫然出现在街口，我想起不远处的朋友，四处寻找可以买邮票与寄信的地方。

"寄到台湾要 3.5 元，你再买两张邮票贴上。"保安好心地接过明信片拿过邮票替我摆放，"这样贴就可以了，胶水在这。"保安将胶水递给我。

"谢谢。"热情的保安让我感到开心，我快速将邮票贴好，在保安热情的建议下，坐下来书写寄给妹妹与好友的信。

亲爱的阿比，我现在在厦门哦。

明天要去看华安的土楼，回去之后再跟你讲个三天三夜，讲那些好玩的……

鼓浪屿　三坊七巷

"我会喜欢这座小岛",这是我一踏上鼓浪屿,在视线所及范围看了一圈,得出的喜悦结论:"比博物馆还新奇有趣的建筑与风景"。

太阳透过枝叶洒下点点亮光,古老的砖红色建筑笔挺站于斜坡上,背后衬托着蓝天白云,我将镜头对准这画面,替这位帅气的老先生拍下一张半身照,一旁的树叶随着微风摆荡,垂下的枝叶仿佛他在挥手与我打招呼。

"鼓浪屿上的所有物资都是用人力拉到各间店铺,每个拉板车上都有编号,不是随便拉的……"导游的声音从耳机传出,打断我的思绪,我撇撇嘴慢慢掉到队伍后端,手中的相机与手机不停歇地按下快门。

好伙伴问起我为何如此爱拍照——将手机调好位置,看着阳光轻洒的角度轻点屏幕,一张美丽的风景照被封存于手机相簿中。

"当你念的系叫文学系,而系上总会有许多奇奇怪怪、超出预料、令人措手不及的功课设计,你就会需要这些照片。"我满腹无奈地回答道。文学系都不像文学系了,为了对付这些五花八门的作业只能自立自强,看到喜欢的风景与人、事、物便拍照,这样没有侵权问题。

鼓浪屿最繁华的时期设有十三国领事馆,我很想好好停在一栋建筑物前与它交谈,但越拉越长的队伍让导游频频催促,我带着深深的遗憾与惋惜。挪动脚步与许多美丽的洋楼建筑擦身而过,有点赌气想抛下导游自己乱逛,明明有这么多美丽的建筑风景,却只能紧跟队伍,实在太可惜了。我毫不犹豫地在心中将鼓浪屿划入再度一游的名单中,深信自己可以在这座"万国建筑博物馆"泡上一整天。

轻柔、富有磁性的歌声飘入耳中,我们围住一个驻唱的歌手,他时而吹奏时而轻唱，伴随乌克丽丽的弹奏声，伙伴们纷纷拿起手机录像。

"继续往前走！"导游挥着蓝色的旗帜呼喊。好伙伴拉上依依不舍的我迈开脚步。

"我们牵手……"嘹亮温柔的歌声留在了美丽的夏日岛屿。

"除此之外，三坊七巷最精华的地方就是……"稚嫩的童音透过麦克风传出，带着红帽子的可爱小男孩站在地图广告牌前毫不胆怯地讲解，四周的伙伴发出赞叹声。

"一片福州三坊七巷，半部中国近代史。"这句话道出三坊七巷成名之因，历史上在此居住的名人多达四百多位，密集度之高令人赞叹。同时，这也是一条古色古香的街道，坊巷错纵横杂，石板铺地，在一间间店铺中发现麦当劳与屈臣氏的身影的我哭笑不得，这两间现代商店很完美地融入周遭古风建筑，要不是有匾额还真不知道是熟悉的连锁店。

商店贩卖瞄准观光客喜爱的小纪念品、明信片，街道旁还有青铜雕像展示传统技艺，我游走在巷弄中，恨不得多长只眼看见更多。

时间永远不够，我看着手表指针用光速前进，当下将三坊七巷列入再度一游名单中。

亲爱的阿比，我找到两个景点下次可以自助旅游，还有纪念品与明信片，请向老天祈祷明信片不会寄丢吧……

尾 声

码头内，大伙群聚在一起畅聊，七天的时光、聊不完的话题、旅途中的美景、意外的笑话趣闻……不嫌口干，也不顾路人注视，大家趁着最后的时间好好谈天。

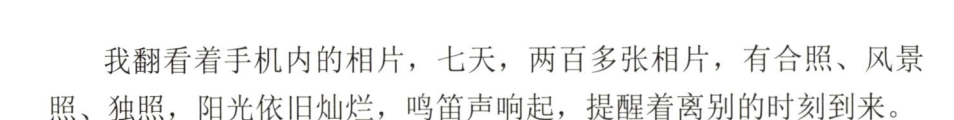

我翻看着手机内的相片，七天，两百多张相片，有合照、风景照、独照，阳光依旧灿烂，鸣笛声响起，提醒着离别的时刻到来。

"来台湾找我，我带你吃遍新竹美食。"我对好伙伴说着，踏上了返家之路。

亲爱的阿比，我要回台湾啦，你一定等我等很久了吧！

我交了朋友，还拍了很多照片，到松山机场再给你看……

一脚踹开大门，我扯着嗓门喊："我回来啰！"而仲夏的闽南之游，化作点点回忆与一张张相片，长存于记忆中。

▲7月19日，余光中文学馆《听听那冷雨》读书交流分享会

· 中学组 ·

短旅福建

□ 赖秀梅（厦门第六中学）

人生不过是一场旅行，你路过我，我路过你，然后各自修行，各自向前。

——《半生素衣》

初见·知遇

有些人可能一辈子我们都不能相见相识，而对于那些我们真正相见相识的人，要更加记住并珍惜对方。

若人生是一趟环山火车，我们从山脚出发，沿途缓慢行驶，看到山上所有的景色，带上在路上遇见的朋友，眼看火车到达山顶后，便要开始回站，而此后却毫无新意，朋友也一个个相继回家。回首时，恐要落泪……

青春是最宝贵的，因为只有在那时候收获的才是最纯真的友谊，我很庆幸在这个夏天遇见了你们！

听闻浪潮击石声，诉尽万国交流史——厦门鼓浪屿

七月的厦门，明媚活力，火热依旧，亦不知是太阳太过于热情，还是心中太过于兴奋。

远望那座小岛，它像是沧海中的一粟，隔着一片海，神秘而庄重，红白相间的房子旁簇拥着林林总总的树木，日光岩上的郑成功像正手持宝剑，威风凛凛。随着东西方气息的杂合，鼓浪屿这座小岛就这样浓墨重彩地出现在我们的面前。

登上鼓浪屿时，海风习习，蝉鸣隐约。驻足在码头前的榕树下，静静地环顾四周，我们现在仿佛步入了六七十年代，那座远离了战火喧嚣的小岛，是当时的"伊甸园"，我们大可以看见各个国家的人们在一起生活、依靠，各个国家的文化同时也在这时相互交融。而现在它亦变成了一座远离城市喧嚣的小岛，这里有鸟语花香、沙滩和大海，还有阵阵钢琴声环绕着它。这就是鼓浪屿吧！——一个富有文艺气息的小岛，一个有着异乡风情的小岛，一个轻松惬意的小岛。

走在鼓浪屿的小巷中，看到那绿树红花攀附着古老斑驳的石壁，看到那凄清的大宅院里有了生气，看到那些外国理事馆被一次次地翻新，看到那巷中仍在使用的板车……仿佛时间在这个小岛上停止了，岛外是高速发展的城市，而岛内却是慢生活的庄园。这些古老的旧物无一不将这座小岛的历史永久地保留，永久地传颂。

走着走着，我们的脚步停住了。映入眼帘的是菽庄花园。走进其中，看到那小桥流水旁，垒石补山，而向外走去，石桥穿梭在海面上，放眼望去，仿佛藏海于园中。将目光再向上，只听见悠扬的琴声一阵阵地从钢琴博物馆中传出，馆内的钢琴一架架肃穆地摆放着，古老的格调流露无遗，脑海中不禁浮现出中世纪的它们是被人们用尽了多少辛苦努力才来到这个岛上的情形。

耳边是声声的浪语，而眼中却是看尽了历史对这座小岛的珍爱

与铭刻。

山抱人家水抱幽，客家寻梦客家楼——华安土楼

说起来，我也算得上是半个客家人。幼年时并没有在家乡龙岩永定待太久，而唯一让我留下印象的便是家乡的土楼。

记得第一次见土楼，只记得它有很大、很壮观。而又一次见土楼，才真正深刻地了解了它。我站在土楼旁，看到那不知相隔多少年的土石，斑驳的伤痕也未曾拆散它们，至今仍然牢牢"相拥"。抬起头，看见三四层高的土墙时，它像是一个坚固的盾牌，守卫着这里的每一个人，于是我的心中不由惊叹道：这是多少的汗水与辛苦才能垒到这么高！又是多少的智慧才能让它如此稳定！它是抵御外敌的坚强卫士，又是这一大家人最温暖的港湾！

走进土楼，便看到热情又勤劳的客家人。只见一位叔叔手持木槌，一下又一下重重地击打在糖酥上，"咚、咚"，这已成为客家人最动人的音乐，朴实而又令人钦佩。走累时，热情好客的客家导游便会邀请我们来到她的家中，慢慢地品尝着飘香四溢的养肝茶。

记得从前听老一辈人讲过：这客家人并不是真正的福建人，有一些是从外地逃难才来到这里的。他们无处可去，只好在山间发挥自己的智慧，用现有的材料，依靠人力，才造就了现在的土楼。而建造土楼的这一辈人却不能享福，因为土楼建造的时间太久了，待他们建好时，早已白头。这便应验了一句话："前人栽树，后人乘凉。"正是这种不求回报、善于思考的精神，才铸就了客家精神。

客家的精神和智慧像涓涓细流一样，默默地传承，悄悄地滋润着我们的心；客家文化永远都是福建日益生辉的标签。

坊巷之间文人现，故居之中情怀长——福州三坊七巷

"路逢十客九青衿，半是同袍旧弟兄。最忆市桥灯火静，巷南巷北读书声。"这是吕祖谦在见到三坊七巷时所作的诗。

三坊七巷，顾名思义，是由三个坊与七个巷组成的。刚刚步入三坊七巷时，我觉得自己仿佛瞬间穿越了一样，整条街都是古色古香的，商铺的名字也用讲究的牌匾写了出来，几段马鞍墙更是夺人眼球。刚刚步入三坊七巷，自己好像置身在明清时，仿佛能看见那些文人雅士在这里畅谈，看到细雨淅淅沥沥时街上五颜六色的油纸伞，看到当时的一片繁华锦绣。

三坊七巷被赋予了历史之源、文化之根的头衔，诞生出了一个又一个名人：民族英雄林则徐，这位被称为"睁眼看世界的第一人"，在虎门销烟时的坚定决心和满腔的爱国热血是多么让人钦佩不已；爱国烈士林觉民为大家舍小家，含泪写下了《禀父书》《与妻书》，便毅然奔赴战场，他的行为正是应了那句"天下兴亡，匹夫有责"；作家冰心热爱自然，颂扬了母爱与童真，她的字里行间流露出对世界的爱……

三坊七巷的历史仿佛是一面高大雄伟的马鞍墙，墙上的翘角惹人注目，它们正是三坊七巷这段历史无可替代的象征。而翘角上的一个个彩绘又好像是历史上灿烂多彩的故事，为福州的历史文化添上了浓墨重彩的一笔。

离别·不舍

人们总说："离别是为了下一次更好的相聚。"然而离别谈何容易。即使我们的遇见与相处仅仅只是一周的时间，但是早已结下了深厚的友谊。在最后的聚餐后，我与舍友在海边走了走，我看着

她慢慢地走近这片海，留下了一个背影。我不禁想到：我们不会擦肩而过，看着你离去的背影，在我的心中留下了难忘的印记。

"轻轻地我走了，正如我轻轻地来，我轻轻地招手，作别西天的云彩。"就这样，静静地告别……

▲ 7月20日，参观福建省博物馆

旅人啊，你要去往何方

□ 李嘉璐（厦门湖滨中学）

世间因果，皆有其缘。前方路途遥遥，不知归期。旅人啊，跟随你的心，它会带你领略，世间最美好的风景。

——题记

前 世

哐当哐当的马车声渐行渐远，晃了神的人儿怔怔地望着驶向远方的马车，脑中不断回放着帷裳被风吹起时，那转瞬即逝的面容。望着越驶越远的黑点，喃喃道："莫不是在哪儿见过？"与此同时，车内那人的心中也浮出同样的疑问呢。

佛曰："前生五百次的回眸，换今生一次的擦肩。"

我们，还会再相见吗？

今 生

  晌午刚过，原先的蓝天白云眨眼不见，只见黑云压城，再也透不出一丝光。我躺在床上假寐。顷刻，滴答声传入我的耳中，而后淅淅沥沥地下起雨来。我便无心再睡，起身，静坐听雨……

  身处高楼，听着远处哗啦啦的倾盆大雨，合着近处雨点敲击不锈钢防盗网发出的噼里啪啦的声音，眼前两道白光忽闪，雨珠碰撞着窗，宛如大珠小珠落玉盘。雷声终至，像是巍峨的巨人妄想打开通往亘古的石门，一下下地撞击，如天神发威般震慑着世人；又仿佛是大型炸弹，忽然炸开，让人害怕；又似大海拍打礁石，掀起惊涛骇浪冲击着我们头顶的天空，一次又一次，发出低沉的隆隆声，如海啸般令人担忧……

  听着听着，我又睡着了。醒来，天色已暗。若不是窗上还有雨滴痕迹，一颗颗欲滴的雨珠，还以为之前的一切全是一场梦。望着愈加黯淡的天空，怀念那时有你们的明媚天空。

  初见那晚，我们一起去看了《闽南传奇》。舞台秀由一个个不同的故事组成，传统与科技的碰撞带给我们不同的视觉体验。《下南洋》是我感触较深的一幕。孩子与老母亲的离别令我思绪万千。那不畏艰险下南洋的青年，就如现在的我们，青春热血、朝气蓬勃，又带着一丝叛逆，渴望飞出父母的庇护，拼出自己的精彩。但与父母离别的我们终难逃血脉亲情的羁绊，时常思念。"谁言寸草心，报得三春晖。"不管我们走得多远，都要记得回家的路。

  翌日，我们参观了集美鳌园、曾厝垵等地。一天下来，我不禁怀疑自己真的是土生土长的厦门人吗？为何这些地方如此陌生，让我无法与他人介绍自己的故乡？生于斯长于斯，这片养育了我16年的沃土，不断给予我养分并与我有着割不断的情缘的故土，我竟如此地漠视她！我在懊悔不已的同时也已明白，既然木已成舟，就珍惜余下的岁月好好走近她。

烈日炎炎，参差不平的石板路上，折射着多元的鼓浪屿风情。敞开的门，叫卖的人，庇荫的树，拉货的人，这是鼓浪屿的日常画面。老人家在树下靠着躺椅，扇着蒲扇，慵懒地躺着；小狗懒懒地趴在一旁，蹭主人的风，吐着舌头，好不惬意。瓶瓶罐罐相互碰撞的声音裹着炎热的风从远处传来，又是拉货的车夫，脖子上挂着一条有些污渍的毛巾，前身的衣服已然湿透。不待他吆喝让道，路人们纷纷让出一条路让他先过。待他走近，我看见他脸颊上的汗一滴一滴地往下落，额头上、鼻子上都有汗珠，手臂像是刚被水洗过似的。如此辛勤，风雨无阻的拉货人就是保护鼓浪屿文化瑰宝的一分子，正是有他们的存在，鼓浪屿才能在阳光普照下熠熠生辉。

　　鼓浪屿在漫长的岁月中，和许多人结下不解之缘。"万婴之母"林巧稚大夫就诞生于此，她似春风般"润人细无声"；林语堂

▲ 7月17日，林语堂《生活的艺术》读书会

先生也于此邂逅了"执子之手，与子偕老"之人；浪漫如舒婷，更是于此写下了引起万千男女共鸣的《致橡树》……

有多少人往来，多少人驻足停留，又有多少人离去……缘起缘灭，潮起潮落，皆于此间。

从海边来到山里，攀着蜿蜒而上的山路，不远处的梯田，蓝天白云，和风煦日，又是一个好去处。漫步在田间小路，轻嗅独属乡村的野气，感受淳朴好客的村人，倒像武陵人误入桃花源一般。一抬头，一幢庞然大物便霸占了我视野大半。遥望，那铜墙铁壁般的土墙，坚硬又厚实，高高地围起守护客家人的城墙。站在围墙外，他是士兵，是守护神，是令人肃然起敬的惊世之作；站在围墙内，他是父亲，是避风港，是客家人智慧的结晶。跨过门槛，摸着大门上岁月的痕迹，回首，山与天相接，透过小小的一扇拱形门，照亮了客家人的眼。一方天井，阳光微凉，树影婆娑。楼内破败的木门，斑驳的墙体，弥漫着淡淡的忧愁。历经岁月的洗礼，不难想象曾经的盛况，该是怎样一幅张灯结彩、其乐融融的画面呢？

驱车前往三坊七巷，沿途的风景十分宜人。白云暧叇，山势连绵，一眼望不到尽头的公路，两旁飞速闪过的围栏如一条丝带，装点着空寥的山路。

到了古色古香的南后街大门，熙攘的人群，叫卖的小贩，复古的建筑，如入古代闹市。街头有静心涂鸦的艺人，亦有在凉亭乘凉的游客，更有清新淡雅的茶香沉淀人们浮躁的心。穿梭在街道，不时看到几条小巷，寂静又悠长，颇有大隐于市的意味。白砖黑瓦，潭中倒影，倒有几分江南风情。

夕阳余晖，古道落花。回想我们度过的时光，有笑、有泪，更是彻底领悟了一番"听君一席话，胜读十年书"。因有你们相伴，旅途多了别样的风景，此生难遇。友人相逢，终须一别。唯盼下次重逢，你我依然如故。吾愿彼岸花开，向晚生香。

来 生

　　淅淅沥沥的雨，滴滴答答地落在屋檐上。我坐在窗边，向外望，郁郁葱葱的竹林伴着晚风送来扑鼻幽香。又是一个雨季，风铃叮咚，我念你又该启程了。

▲ 离别之时

致 你

□ 李婉圮（南安一中）

关于这场冒险，你会后悔吗？

夏天、黑板、课桌和抽屉里的一沓沓试卷，这是你缺席的日子，却也是你本该有的样子。曾犹豫过，也曾挣扎过，但你最终还是在那段日子出走。为何？许多人无法理解。

冲动？叛逆？年少轻狂？还是为了某些目的？也许是。但你是为了那一份坚持，那一种不甘，那一个还未开始就注定破碎的梦。

你曾想造一座桥，跨越长长的海峡，跨越深深的乡愁。

只是那时候的你，不曾想过最终仍是选了文科。

于是，那个梦远了；于是，出发的日子近了……

"那我就先以茶代酒。喝完这杯，大家要用公筷的可以用，不用的也随意。"欧阳的话打破了第四小组的尴尬。

关于7月15日，你并没有多想，只是知道那天注定充满了好奇、紧张、兴奋和尴尬。五通码头的期待和羞涩，初识时的激动和胆怯，大巴车上的文学和梦想。只是你不知道同根同源同吃面线糊同讲闽南话的小伙伴们，竟会在公筷问题上显现各自的不同。

原来，一湾浅浅的海峡两岸，终是会有差别。

你还记得吗，宜湘讲话的腔调？你总是得十分投入地倾听才能将这浓浓的台湾腔翻译。

你还记得吗，少君和子昂初见时的不知所措？就读于女子学校的少君似乎很少与男孩子接触和交流。

你还记得吗，台湾伙伴关于学校的讨论？你才明白原来台湾的中学是那般交流紧密，原来台湾的高考是那般与大陆不同。

你还记得吗，台湾小伙伴的假期生活？原来他们的活动是如此丰富，如此多姿精彩。

台湾的小伙伴们认真，也较真。他们会投入大量的时间和精力来进行一次次枯燥的练习，只为最后的表演效果更完美。而你们呢？抱着一种玩玩而已的心态，只图一群人热热闹闹、开开心心，只图这一活动过程中所一同创造的回忆。

一个人站在一旁，望着窗外的天空。没有云，没有雾，没有迷路的大雁。天蓝得没有一丝瑕疵，它连一点流泪的勇气都不施舍于你。

你们在厦门北站双创基地开始正式认识彼此。打LOL（英雄联盟）的小可爱，考清华的状元，会多种语言的校园主编，这是一群有共同爱好、志趣相投的伙伴。

你们在老院子各自结伴。你还记得俐安的表情包吗？你还记得和少君有一搭没一搭地聊天吗？或者，你还记得那场演出吗？从鹭岛到南洋，存在的是先辈们的梦和追求；从郑成功收复台湾到妈祖护佑渔民，存在的是你们共同的记忆，关于历史，关于人文，关于你们的童年回忆和你们在一起的时光。

你们在鼓浪屿进行了第一次读书分享。不同的社会环境，不同的阅读积累，不同的人生见解，庆幸的是，在新一轮的自我介绍

▲ 7月17日，读书分享会

中，你得到了共鸣。在闽台两岸文化的异与同里，你觅得了同道中人。

还记得在福建博物院里观看的高甲戏吗？俐安说，跟台湾歌仔戏真像。曾老师说，那是两个不同的戏种。相似的服饰，相似的表演，相似的感官感受，这不正是两岸人民的一种文化认可吗？

台湾于你，究竟意味着什么？海峡对岸的岛屿？一脉相承的历史渊源？还是童年记忆中的偶像剧？可是台湾于你而言，不更是这群小伙伴们吗？

是不是城里的天空，已看不到鸟儿的痕迹？是不是一次委屈，就能掩盖所有的温馨？

可是你记得的，是和宜湘手牵着手在茫茫人群中穿梭寻觅，是和宛桦跳台版健身操的逗趣，是和筠乔共进早餐一起掉队的默契，是和德宽一起熬夜聊天的乐趣。

  7月20日，第一个上台表演的第四小组，有失误，有笑点，也成功勾起了两岸伙伴关于青春的回忆。

  你很高兴。

  这是你未成年的最后一个夏天。谢谢你将它过得这般精彩。

  这是海峡两岸青少年友谊的延续，谢谢你能参与其中并为之付出一份力。

  很多很多年后，也许你不会再记得他的名字，也许你不会再记起他的模样。但在大陆的你们，就好像土楼里的居民，你的声音，他们能够听见；他们的呼唤，你也一定可以感受到。

故　乡

□ 林晨丰（仙游一中）

"到厦门北后坐快1线，然后转948路公交，吃午饭，坐82路公交，步行259米，大约4分钟……"我在心里默念，脑海里不自觉地演绎着时间排序，精准地计算着时间流逝。

步行到五通码头，走在厦门这片土地上，逆着人海，听着行李箱与地面摩擦的沙沙声，我感觉到了孤独，我是一个异乡人。

或许是一样的吧，故乡与厦门，毕竟隔得不远。我在心中安慰自己。

沉默，沉默。

我夹杂在四十余人的交谈当中，心里只有"真正的智者都拙于言谈"这句话在进行苍白的辩解。怪自己多余。

"请问你是林晨丰吗？"

"你是？智旻？"

找到搭档的我心里轻松了些。

"这个闽是指福建，D指厦门……"

"我们这边搜索一般用百度，社交软件一般用QQ、微信……"找到话题了，我心想。

台湾青年双创基地，新奇的设计，青年人的热情是这里的名片。走在基地里，看着或方或圆的几何符号、熟悉的碳纤维车架、独具特色的萌物玩偶，我有一种错觉，我走在家乡的商业街上。

《闽南传奇》表演开始："从巨人开山到妈祖庇佑，从郑成功收复台湾到鹭岛的宁静生活，短短一小时的演出浓缩了厦门千年的历史，囊括了两岸血浓于水的情谊，两岸历史文化的血脉就体现在这舞台上。"我一边观赏演出，另一边记录着，回忆高中背过的好词好句，挤出文字来修饰一个个桥段。"妈祖我们那边也有，"搭档打断我的思绪，"我以为会见到很多新奇的东西，结果这里跟台湾差别不大……"于是我做一个聆听者，听他介绍台湾，心中感叹台湾的文化与福建的大体相同。有点意料之外，我心想："他怎么不做笔记？"

在曾厝垵里游荡，章鱼丸子，台湾凤梨酥，厦门馅饼……面对琳琅满目的商品，我感到熟悉而又陌生，熟悉的是这些商品在我的故乡也有，陌生的是来来往往陌生的面孔。我开始怀念我的故乡，那里有熟悉的面孔，熟悉的米糕……我在幻想，或许是眼前那熟悉的气味、熟悉的颜色、熟悉的街景模糊了故乡与异乡的边界，我在哪？在故乡，在台湾凤梨酥的酥香里，在炸鱿鱼的金黄里……

或许是一样的吧，故乡与厦门，与台湾。

登上鼓浪屿，面朝大海，眺望东方，那里有台湾，台湾同学的故乡。

我看不见台湾，想必台湾同学也是一样的吧。

可是他们并没有显露出异乡人的神色，他们在拍照，在游玩。

鼓浪屿——万国建筑博物馆。远山，近海，西式楼宇，日式小窗，却又不时显露出闽南建筑的风格。小亭，大理石，菽庄花园的小桥与流水，钢琴博物馆的优雅与格调，我在这或中式或西式的空间中流转。我想起了曾经去过的台湾，淡水河畔，东方的威尼斯。我也想起了故乡，那个在时代的潮流下快速变化的小县城，土房子旁的小洋楼，米糕旁的蛋糕……

或许是一样的吧，故乡与鼓浪屿，与台湾。

读书分享会是这次旅行的重点，读万卷书，行万里路。

分享会是一个交流的窗口，联结两岸的窗口。透过这个窗口，我知道了新竹的米粉、九降风、新竹火车站，我也知道了余晖下的八卦山大佛，一个平凡的县城。台湾的轮廓在他们的话语中逐渐清晰，模糊的台湾生活也多了一分亲切感。也许海峡两岸的生活节奏是一样的，都有难忘的美食，唠不完的家常，朝九晚五的工作，回忆中的车票。

▲ 7月16日，在同安朱子书院聆听国学讲座

到饭点了。

"这道菜台湾也有。"

"我家乡那边也有，吃到熟悉的菜了。"

"帮我拿下饭，谢谢！"

"OK。"

……

时间来到七月二十一日，分别的一天。

空气中弥漫着一股伤感，他们在拍照，在留念。

我坐在那里。

沉默，沉默。

我过一会儿就可以回到故乡了，坐公交，坐动车。

他们过一会儿就可以回到故乡了，坐轮船，坐飞机。

我故乡的庙里有妈祖和孔子。

他们故乡也有。

他们故乡的声音里有闽南话、客家话。

我故乡也有。

或许是一样的吧，故乡与台湾。

我们都要回到故乡，一样的故乡。

不需要笔记本去记录，不需要照相机去拍照。或许这是一种流浪，一次重新认识故乡的旅行，一把打开心结的钥匙。

挥手，告别。

走在厦门这片土地上，走在返乡的路上，一个人走，听着行李箱与地面摩擦的沙沙声，我感到欣慰，我不是一个异乡人。

吾心安处是故乡。

旅程中的点滴

□ 刘明婷（厦门六中）

每次旅程都能拥有许多第一次，这次也不例外。第一次在暑假的时候，在福建省内走那么多路，真正体验到夏季对福建的眷顾。回忆起旅程，响亮而聒噪的蝉鸣最先响起，阳光愈烈，蝉鸣愈发响亮。即便撑着伞，额头还是密布汗珠，一旦走起路来，汗珠就顺着脸颊往下流，它们争先恐后地奔向大地母亲的怀抱，背上的汗珠也浸湿了衣服。热浪仿佛将每个裸露在外的毛孔包裹起来，使它无法呼吸点清凉的空气，同时使我烦躁起来。但看看我的同伴——江宛桦，内心就平静下来了。

我的室友

宛桦真的是一个很好很好的台湾女孩。她是新大一，我是新高一，我是整个团体倒数第二小的女孩，她处处照顾我。她的性格静若处子，相处中总是毫无条件地满足我的需求，这点体现在撑伞这件事上。

当两个人同撑一把伞时，我和她都是习惯做负责撑伞的那个。第一次，我打开伞，我看着你默默伸出手。

我顿时心领神会："你是不是习惯给别人撑伞？"

"嗯，对。"你点点头。

犹豫了一会儿，我将伞递给你。可刚走几步，就莫名感到浑身不自在，我和你说："给我吧。"你好像很不舍地将伞递给我。过了一会儿，你的手悄悄攀上伞柄，最后变成两个人同时握一把伞共同前行，但我更不自在了，于是我放手。

我霸道地对你说："那以后都你撑喽。"

你却满足地点点头："嗯。"

看着你，阳光照在你白皙的脸庞，将你肌肤照得晶莹剔透，又看到你将伞向我倾斜，阴影完全将我笼罩，我贪婪地享受你带给我的清凉，而你却半个身子露在烈烈阳光下。

"你又这样。"我伸手想将伞掰向你。

"没事，我没关系。"

听着你的话，我愣住了。在这么短暂的时间，我放开了自己，从未那么活泼、开心、畅快，不再那么小心翼翼。你默默地将伞偏向我，给我巨大的感动和温暖。就这样，你给我撑了七天的伞。

秉烛夜读

当然夜间是最适宜谈天的时候，因为白天的谈天总好似缺乏夜间那种魔力。

——林语堂《生活的艺术》

在第一次读书交流会的前一个晚上，还没看完指定篇目的人，开始临时抱佛脚。一位同学在微信群里发"要玩狼人杀的到我房间来"。陆续有人到她房间，但大家都不约而同地带着书。

我进去后，对眼前的景象十分惊讶，因为并不是大家围坐在一起因玩狼人杀而发出嘈杂的声音。昏黄的灯光暖暖地照在屋内的人身上，渲染着安静的氛围，十几个人有的坐在地上，有的躺在床上，有的斜靠在床上，但都捧着一本书——《生活的艺术》。我和宛桦比较晚进来，当时他们已经读了一半。他们看了我们一眼，洪孟杰又继续朗读指定篇目，大家的目光随着孟杰同学的朗读声看着书。这一刻，大家看着同样的字，听着孟杰同学的读书声、整齐的翻书声，不约而同地安静，就这样静静地听读一本书。孟杰同学把三篇超过万字的指定篇目都朗读了一次，非常感谢洪孟杰同学。这真的是一次温馨、奇妙的体验。

家乡呀，故乡呦

我的既陌生又熟悉的故乡呦——永春。永春是这次旅程中的一个站点。从小到大，每年回永春的次数屈指可数，待的天数也屈指可数。但这次回故乡是不同的，心情五味杂陈，尤其是坐在大巴上听导游介绍永春时，看向大巴窗外熟悉的街道、河流，远远的亲切的青山，我的祖籍就在那山里。故乡的情结深深地埋藏在我的心里，当我回到这里才发现，故乡的情结其实深深地羁绊着我，但我从未对故乡有过深深地了解。

此次旅程最重要的是参观余光中文学馆。听着馆长的介绍，那熟悉的口音，带着骄傲，一一为我们介绍了余光中和永春的特色——芦柑、永春醋，我的心中也慢慢洋溢着骄傲。但人总是近乡情怯，我一边听得异常专心，一边又总是感到羞愧。因为即使我对

▲ 周梁泉馆长为两岸学子介绍永春非遗文化

故乡有一些了解，但在手工艺、永春历史等方面并没有半点了解。朦胧美的纸织画，古朴厚重的东关桥，色泽鲜艳的永春篾香，都是之前我虽为永春人却毫不知情的。

  这次旅程沿途的风光并未在我心里留下多少痕迹，反而是情、事、人在我心上留下深深的烙印。你们是我这次旅程的最大乐趣，这次旅程时间很短，但收获了很多很多——感动、震撼、友情、自信，以及对自我的认知。我明白了不必那么小心翼翼与人相处，你可以自在、畅快地活着，想要的就去争取，我希望不要再一次次让机会从手中流失。

在 路 上

□ 卢子昂（厦大附属科技中学）

文化不应该是贵族的象牙塔里的一种玩赏，它应该是无所不在、生生不息的一种生活方式。

——于丹

先前，我的足迹只徘徊于生活中的几处，不曾踏上过闽东南的其他土地，此次旅程让我领略了其令人动容的美丽景色与人文历史。一路停停走走，我也发现了从前不曾发现的文化魅力。它萦绕在我的心头，久久无法忘怀。探寻文化之旅，不虚此行。

鼓浪之景

船在启程五分钟后便靠岸了，时隔五年，我再一次登上了这座钢琴之岛——鼓浪屿。

岛西南方的海滩上有一块两米多高、中间有洞穴的礁石，每当涨潮水涌，浪击礁石，声似擂鼓，人们称之为"鼓浪石"，鼓浪屿也因此得名。不足两平方公里的小岛上坐落着万国建筑，多年来并未进行大的改动，仅是稍加维护。其间的每一块青砖红瓦，都是漫长历史的见证者。

　　和朋友们漫步在青石板路上，身旁偶尔会有些许板车经过。拉板车的工人们穿行在这座小岛上不计其数的小店之间。骄阳当空，阳光洒在他们厚实的臂膀上，凸显出那被汗水浸湿的衣襟。鼓浪屿的文化，也并非一定是那繁华的建筑，那简约质朴的板车、行色匆匆的工人与滴滴淌下的热汗，也体现着它文化中独一无二的特点。

　　一路说说笑笑，突然身边的队伍停住了。我们来到一扇朱红色的大门前，"菽庄花园"四个烫金大字赫然其上。休息片刻后，我们进到园中，漫步在簇拥着的花木之中，指尖在叶梢间跳跃。正诧异于为何偌大的花园间仅有这一条狭隘的羊肠小道时，一个转弯之后，新的天地呈现在眼前——一片开阔的海景，一条海上的石板路悬于金黄的沙滩上，一直延伸到不远处的钢琴博物馆，远处白鸥回旋，海天一色。最醒目之处，是一块巨石，"海阔天空"四个赤色大字龙飞凤舞盘旋于其上。突然，顿悟了这菽庄花园的巧妙之处，转身前后分明是两个世界，将海藏于一草一木之中，此种设计实在巧妙。

　　悦耳的琴声愈来愈近，走入著名的钢琴博物馆，各种精致优雅的钢琴，配有华丽的英文说明，让人目不暇接。悠扬的乐符在耳边萦绕，和着窗外的海浪声，外头骄阳的热浪被平息下来，舒缓的音乐回荡在每个人的心间……

土楼之情

小时候，我便在土楼里边生活，虽离开几年到了城镇，但对其中的过往仍历历在目。没想到多年之后，回到这憨态可掬的建筑前，竟不是自己的家乡——南靖，而是在近百公里外的华安。

身处华安大地土楼群，不免将其与家乡的景象进行一番对比。

华安土楼的特点与家乡的有所不同。南靖土楼的特点是造型多样，而华安土楼却是以大著称。眼前的二宜楼便为其中的代表之作。"二宜楼有着土楼之王，神州第一圆楼的美誉……"导游身着当地的民俗服装，用带着闽南腔调的普通话向我们进行介绍。可以听得出来，她并不是在生硬地背稿词，声音中带着对眼前这伟大建筑的喜爱与尊敬。老师对她的解说加以赞美，夸她脸上的微笑，讲解富有人情味。她不好意思地笑笑，说自己是本地人，不曾离开过这片土地，在受过一定的培训之后，为自己热爱的土地做一点贡献……

听了她的述说，我的心中泛起了几层涟漪，思乡之情也随即扩散开来。眺望着远处绵延的青山，与家乡的景色也并无两样，目光回到眼前，原先的大地土楼群却不见了，取而代之的是许久未见的家乡。

站在熟悉的老屋前，两旁不平的鹅卵石路在脚下延展开，消失在别座土楼厚实庞大的身躯中。走进有些破损的木门，一切都是离开前的样子——水桶倒在井边的围栏上，中庭七彩的塑料遮雨棚破了好几个洞，阳光穿过，在地上留下斑驳错杂的光点。空气中飘散着炒蔬菜香甜的气味，老舅端着碗筷来回忙碌于厨房与餐桌，阿姊仍坐在阶梯上，用吃剩的肉骨头逗着那条听话的大黄狗……

突然心里一阵感动，我伸出手去想触碰眼前的情境，嘴中轻声呢喃着"我回来了"，却在指尖触及的那一刻化为乌有。大地土楼群又重新回到了眼前，鼻尖回荡着些许酸意，朋友碰了碰我的肩头，提醒道："干啥呢，你都盯着这大门看多久了？大部队都走远了。"我摇了摇头，随即在她的催促下加快了脚步。

我们来到一家华安土楼人家做客，大家皆坐于屋中品茶。而我却坐不住，起身在楼内漫步，眼前所见的一切，与记忆中的是那么相似：地上的簸箕里花生沐浴着阳光，阿婆在水池边洗着蔬菜，小朋友牵着母亲的手牙牙学语……这里虽与记忆中的故乡远隔近百公里，但却勾起了我的思念，使我无法将其按下心头。

那一夜，月光很美，它洒在老屋的中庭里，那银影应该更动人吧。

榕城之约

对于榕城的向往，已埋在心里好久了，可由于各种原因，却屡次与造访它的机会擦肩而过。今天，我再也不会对自己爽约了。大巴驶入市区，两旁的高楼让人应接不暇，我的手掌紧贴着车窗，想去接触这我向往的地方。

"三坊七巷"古色古香的牌匾，在阳光中反射着耀眼的金色，像是在向来往的行人炫耀自己深厚的文化底蕴。李金齐说过，人与文化是一种共在关系，即人是有文化的人，文化是人的文化，人的存在离不开文化的存在，文化的存在也离不开人的存在。这样的观点与三坊七巷甚是贴切。林则徐、冰心、严复等，这些在当时对社会影响巨大的名人大家皆出于此，他们使这一片土地充满了独一无二的人文气息，被称为福州的历史之源、文化之根。

脚下的石板路并不算平整，但我却走得无比平稳。虽然如今的三坊七巷已基本变成了一条商业街，但在一排繁华商店的对面，仍有一条条安静的巷子等待着人们的探访。它们本应是这三坊七巷的灵魂核心，却在外面的商业包装下，少有人问津。

它们的外墙已重新上了一层白漆，保留下来的古民居的肩头也铺上了新的乌瓦。白墙黑瓦前，只有三三两两卖油纸伞与绣扇的小铺子，其上的图案小巧而秀美，十分精致。止于一小扇铺前，半蹲下来仔细端详，一针一线下栩栩如生的花鸟草木或是神态动人的古代倩女着实令人叹为观止。取下一把小心把玩，发现其极为灵巧，阳光穿过，扇面薄如蝉翼，但用手轻轻抚摸，却给人结实的感觉。

透过扇面，隐约可以看见一扇半开的木窗。我的眼前瞬间朦胧起来，思绪又飘远了。

我仿佛看见了冰心深夜伏在案前，半开的窗前，小橘灯里的烛火随晚风而跳动，她紧皱的眉头随笔尖在纸上划过一行行可爱的文字而舒展开；看见了严复将译成的《天演论》送往报社，坚定的眼神望向远方，心中燃起兴起的希望；看见了林则徐高站虎门岸边，指挥销毁鸦片时脸上骄傲的神情……

榕城之约，不只让我体会到飞速发展的经济水平与古朴的小巷景色，更让我的灵魂与多少伟人萍水相逢。

这七天的时间过得飞快，站在这趟旅程的终点回首起点，也不过眨眼一般。但探寻文化的旅程，从我们呱呱坠地时便启程了，而终点无人知晓。文化不是象牙塔中的高贵之物，它无处不在，也许是在一段未知的旅程里，也许就藏身在你身旁的一草一木和平日的衣食住行之中。只要你用心体会，伸出双手去拥抱它，它便一直与你同行。

每个人都是一封待寄的信

□ 欧阳志锐（厦门二中）

　　出发前路过书店，我顺便进去看了看。老板是江南的粉丝吧，她把他的书整整齐齐地摆在货架前面，等着同样的粉丝进来挑选。我进去挑了一本《上海堡垒》，想着要是跟那群人说不来话，我就把这本书看完好了。

　　到了码头，一脸懵，因为我实在找不到他们，最后还是看见老师带着活动的帽子才找到了团体。之后马上就来到了到达通道，等着迎接来自海峡另一头的搭档。

　　见面之后不免拘束，但行程的下一站就是让我们彼此介绍，相互熟悉。地点在北站的文创中心，一个聚集了台湾和厦门两地年轻人的设计中心。从外面看很是大气，进去之后却意外发现它的可爱，一点不显生分。墙壁上的装饰是沿着台湾铁路分布的城市，绕着办公区转一圈，能听到职员们的对话带有明显的台湾腔，声调软软的，很舒服。这让人有一种置身于台湾火车站的错觉，好像马上就会有火车接我们去台北一般。

自由参观时，我走到一个职员的办公桌旁边，看到一张便条，上面写着"一定要做一番事业！"这样豪气的话。我无意窥探别人的隐私，移开目光时却看见了一张信纸结尾依稀是"我很好，勿念"。在惊诧于还有人用书信方式交流时，我又不禁浮想联翩，或许这封信是要寄给他身处偏远山区的父母，让守望孩子归来的脊背稍稍放松；或许是寄给自己的爱人，让因相思而紧缩的眉头舒张。我更大胆地想，这可能是在外留学的孩子送来的平安，是昔日故友的挂念，又或者是这信根本就是写给自己，让自己坚持奋斗，而不是失去斗志。不管如何，看到这封信，我仍感觉这是一个活在浪漫中的人，如果有可能，他恨不得把自己整个人装在信里寄出去，寄给那个她深爱的人。我对办公桌做了一个小小的祝福，愿你早日实现理想。

转身再看这片办公区，有一种不同的感觉，它是一个巢，既是飞行的落脚点，也是无数带翅的梦想的出发点，来到这里的每一个人，心中都抱有渴求吧，并且我相信那些东西都会实现，因为只要起身环视一周，那个你魂牵梦萦，熟悉无比的名字会跳出来，给你醒神一击，提醒你该继续努力了。

然后应该记住的便是鳌园，是陈嘉庚。一代华侨领袖，名震南洋，声扬闽粤。这位爱国老华侨的祖辈，其实应该也是贫苦人吧，在封建王朝的末期，贫瘠的土地和苛捐杂税已经无法养活一些人了。他们只能另谋出路，而当时唯一的一条路就是经商，北边的晋人唱着《走西口》向北出了边塞，而闽粤一带的渔民们则铤而走险，选择了"下南洋"。虽说朔北的疾风尘暴尤为恶劣，但是深不可测的大海更为恐怖，渔民们凭着心中的勇气和妈祖的庇佑，一路南下，来到了东南亚一带经商，当时的南洋正处于建设时期，正急需劳动力。勤劳勇敢的先民们凭借智慧与双手，开拓出了一片天地，华侨们用汗水浇灌着自己的果实，并逐渐在当地扎下了根。

然而那是怎样的根啊？海岛的土地，怎么能让根扎得结实？时局动荡，罪恶的帝国主义指使当地的居民侵犯华侨的产业，抢夺他们的劳动成果，华侨们迷茫了，是自己的到来帮助当地经济的发展，这是他们亲手开拓的土地，怎么会一夜之间被人夺走了呢？这时候，是陈嘉庚站了出来，他对所有人说："是因为我们在这没有根啊！我们的根，在那片名为中华的土地上！而如今，那土地上是狼烟烽火，是满目疮痍，正是因为我们的根扎不住，洋人才敢这般欺侮我们！"他的声音不大，却有股决绝的力量，于是有人问："怎么办？"只得一句回答："有国才有家！"他环顾四周，看见那些激愤的、焦急的面孔，缓缓地说："我们回家！"于是华侨们纷纷回国设厂，陈老先生更是倾尽家产，建校、筹物、修路、运输，没有人要求他，他却一样不落地做了。

最后记得的是林公祠。林则徐不葬在这，甚至他只是一个戴罪之臣，或许不该设祠，但百姓们从不这么想，这林公祠是对乱世忠良的一片敬心。走入林公祠，看见的第一句便是"苟利国家生死以，岂因祸福避趋之"。即使已经读了多次，我依旧被这句话深深震撼，想当年，林公受诏出行前曾言"鸦片一日不绝，本大人一日

不归"，到了广州，两纸公告，命广州不得见一点烟土。洋人们惊诧了，他们不知道在这个行将就木的国家里，竟然有人敢这样挑战他们；同时他们也愤怒了，区区一个东方人，怎么敢这般趾高气扬！他们偷藏烟土，暗伏刀兵，不料林公手段雷霆，一举收缴鸦片两万，随即销毁，一时间叫好震天，人人拍手称快。

但是林则徐永远不会想到，他"回不回"，不是由鸦片"绝不绝"定的。皇帝一纸诏令，销烟英雄便戴罪发配，不得重用。他上马西行时，望向帝都，心中应该满是不甘，不是为了自己，而是为了这个即将"几无可以御敌之兵，且无可以充饷之银"的国家吧。然后他走了，他走过的地方，水患平息了，盗匪湮声了，这些利于百姓的功全都不被皇室认可，但百姓全部记在心里。他被人从高处推下，却被百姓轻轻接着，林公的一生可以说是大公无私，他将自己的一切都献给了苍生，而他也理所应当地应该被我们尊敬。

其实每个人都是一封被寄出的信，我在旅途结束后不久看完了那本《上海堡垒》，尤其喜欢其中的一段话："这条短信在中国移动的信号台之间穿梭，找不到它的目的地，就像是永不消逝的电波，穿行在空无一人的城市里。我想象着在那个沉眠于地下的城市里，那条短信是个虚无缥缈的女孩，有的时候她会升上防御界面的顶端，隔着那层透明的东西，看着紫色的大丽花盛开，而后低头俯视空无一人的城市；夜晚到来的时候，路灯还是在程序控制下唰唰唰地都亮了，她站在路灯下，哼着我听不懂的歌。"有些信寄对了方向，但有些不是。不过谁又说得清对错呢？我们只是被寄出的一方，收信的人不对不要紧，我们只要把自己的人生写成一封不违心的信，想象自己将被寄给自己的最爱，哪怕文理不通，哪怕表意幼稚，这封信就已经足够表达一切了。

风花雪月终了情

□ 汪韬（厦门二中）

"流光容易把人抛，红了樱桃，绿了芭蕉。"七天很长，长到能品读好几部经典文学，可以欣赏许多自然美景；但七天又很短，短到不足以道尽两岸学子之间的情义。

人的一生会遭遇无数次相逢，有些人是你看了便忘的风景。而有些人，则在你的心里生根发芽。在这次以"中华经典·照亮未来"为主题的第二届海峡两岸青少年共享阅读活动中，我们与台湾青少年代表共读一本书，共走一段路，在福建进行结对参访交流，两岸学子的友谊播撒在祖国的大地上，生根发芽。

初见于码头，看着陆续到来的台湾同学们，我心中怀着兴奋与期待，兴奋于血缘相融，期待着思想对碰。可令我忧心的是，过了好些时候都无处可寻我的舍友。好在随之而来的破冰交流活动，让我认识了他，也使我很快熟识了众人，这时我才开始慢慢感受到大家的多才多艺与能言善辩。就这样，众人展开了跨越海峡的文化对碰，我相信，这是个美好的开始。

四季如春的钢琴之岛——鼓浪屿

论起中外文化交融，世界上著名的范例之一，当属鼓浪屿的万国建筑，那是一种古色古香的中国建筑风格与异国建筑风格混搭的完美融合。历史上曾有 13 个国家大力争夺这座海上花园，各国纷纷在这里设立领事馆，而"琴岛"也因此吸收了各国的文化，融汇了世界文明精粹。

但此时此刻，此地此景，就着各式建筑，我与台湾同学谈起林语堂先生的生平。在来此之前，外图书店已推荐我们品读《生活的艺术》，而当亲临先生故居之时，才能真正领悟到那种旷达乐观、陶情遣兴的生活情志。先生说中国人是最现实的，也因此更为感性，更能体会到生活中的点滴。

我们共同漫步在各式古色古香的建筑中，感受海风轻轻地拂过脸颊，踏寻着历史古迹，感受琴岛的文化底蕴。

山野中绽放的梅花——华安土楼

驶过城市的喧嚣，走进宁静安和的山区，一颗常年处在学习高压中的心也不禁放松下来。我想有着这样的水土，一定能养育一群淳朴善良的人们。

走入堡垒似的大门，才得以观之其中别有洞天。无论内部的排水设计、逃生口，还是外部的通信洞、锥形外墙，无不凝聚着古人数百年的智慧。一栋土楼看似平凡，实则需要一村人，亦或几辈人的劳心劳力。人生有多少个十年？可是，为了保护家中老人妻儿不受山贼猛兽侵害，闽南男儿便义不容辞地挥洒着青春和热血，置身于此，这不禁让人感慨万千。

走出楼门，看着四下田野，听着小桥流水，这般平和优雅之景，已传承数百年，相信不管再过多久，也依旧会有人赞叹它的神奇与美丽。

闹市中蕴藏的明清古风——福州三坊七巷

"三坊"是衣锦坊、文儒坊、光禄坊；"七巷"是杨桥巷、郎官巷、安民巷、黄巷、塔巷、宫巷、吉庇巷。"谁知五柳孤松客，却住三坊七巷间。"三坊七巷人杰地灵，是出将入相的所在，历代众多著名的政治家、军事家、文学家从这里走向辉煌，有的坊名、巷名就可看出当年的风姿和荣耀。

我穿过喧闹的人群，拐入一条看似平淡无奇的小巷，转进一间木屋，屋旁翠竹林立、梅溪沁寒，不由得令人陶醉，使人神往。唐时刘禹锡有云："斯是陋室，惟吾德馨。"而这样一处世外桃源更是"谈笑有鸿儒，往来无白丁"，无怪乎这古朴平实的庭院中，竟能相继涌现出民族英雄林则徐、思想巨擘严复、百岁老人冰心等诸多英才。

也许只有撞了南墙才会回头吧，可能也只有见了林觉民先生的故居，才能够真正体会林徽因所描绘的人间四月天，

感受你若盛开，清风自来的别样情境。对我而言，我是带着对中国一代才女的欣赏和凄切感怀而来，所以便以我观物，物皆着我之朦胧色彩。这样的意境，我相信是在课本中感受不到的，也算是了却我少时一大心愿，不禁甚喜。

尽管和台湾的伙伴们只相处了七天，有缘千里来相逢的我们，相见时难别亦难，一湾浅浅的海峡阻碍了两岸的交流，难得的相聚，最终也还是难逃分离，天下没有不散的筵席。在码头离别时，看着他们眼中流露着的真诚的目光，我想说些什么，话到嘴边，却又哽住了。到了此刻，我才开始渐渐领悟余光中老前辈的乡愁。虽然我还留在故乡，比不上先生的离愁，但就算如此，对于初识之友人的思念，已令我难以忘怀！——此情可待成追忆，只是当时已惘然。

重识福建

□ 谢雨欣（厦门一中）

有这样一群海的儿女，因为有着共同的爱阅读的梦，在这个夏天，漂洋过海聚集在一起，开始了他们为期一周的海的旅程。

初　见

邂逅一首好词，如同在春之暮野邂逅一个人，眼波流转，微笑蔓延，黯然心动。人生若只如初见，多好。

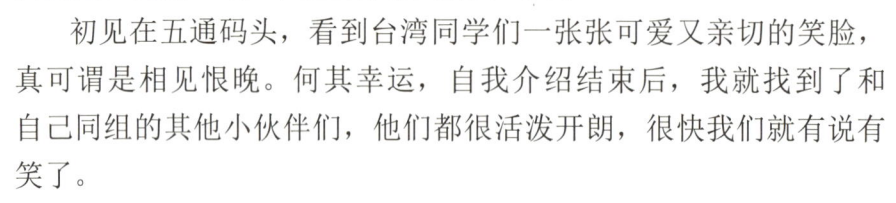

初见在五通码头，看到台湾同学们一张张可爱又亲切的笑脸，真可谓是相见恨晚。何其幸运，自我介绍结束后，我就找到了和自己同组的其他小伙伴们，他们都很活泼开朗，很快我们就有说有笑了。

有些人，一见如故，那便是缘分。见面，就注定了相逢是一行快乐的记忆。看着这群可爱的人们，我想这次旅行也一定十分愉快。

重识福建

虽为土生土长的福建人，但从未有机会细细地认识福建的风土人情。

再一次登上美丽的鼓浪屿。鼓浪屿有"中国最可爱的岛屿""万国建筑博物馆"之称。岛上的建筑物汇聚了19世纪到20世纪初十几个国家的建筑风格：有中国传统的飞檐翘角的庙宇，有闽南风格的院落平房，有中西合璧的八卦楼，有小巧玲珑的日本屋舍，有19世纪欧洲风格的前领事馆……最令我激动的还是鼓浪屿历史悠久的钢琴博物馆。身为一个热爱钢琴的艺考生，参观着博物馆里陈列着的一架架独特的古钢琴，踱步于馆旁的林荫小道上，心中不由得奏起浪漫主义时期那一首首典雅又不失自由奔放的钢琴曲，仿佛看到了当时生活在鼓浪屿上那些热爱音乐的人们对鼓浪屿未来的美好向往。

还有那独具特色的华安土楼。在去的前一天晚上，我们小组的组员一起在酒店房间里看《大鱼海棠》，据说这部电影是在华安土楼取景的。电影里的华安土楼宛如一个圆形的城堡，所散发出的神秘气息让我对即将亲眼所见的景象更加期待。真正到土楼脚下的时候，还是被眼前的一切所惊艳：土楼有着城堡般的坚固，两米厚的围墙，高高的木门，富有创意及使用价值的排水管、井渠……无不令人惊叹于古代劳动人民的伟大和无穷的智慧。我们被热情的导游请到了她的家里，她的家里人热情地招待我们品尝当地特色的茶，有清凉解渴的、健脾胃的，还有先苦后甜的……空气中飘着一股淡淡的茶香，还有那朴实美好的乡情。

最令我难以忘怀的当属福州的三坊七巷了。漫步在现代都市精心保护的最古老的街区，我深深感受到了亭台楼阁、中西合璧的魅力，文化冲击的震撼感迎面而来，古色古香的建筑里融入了当今商业化的时代特征，用"酷"来形容是再恰当不过了。从颜色、品味、气氛，从雕刻、欣赏、信仰，不管从哪个角度看，漫步其中，总让人仿佛步入了当时的社会，精致而又充满韵味。更让人称奇的是，这里还是一个卧虎藏龙之地，林则徐、严复、冰心、林徽因等名人辈出。印象最深的当是冰心故居，一抹烟色，淡淡石墙，阅尽了经年风霜；青苔不急不慌，爬上砖瓦祠堂，转角吹皱了衣裳。那长桥短亭，茂林修竹，显现了冰心女士心志的寄托及生活情趣，和她对这个住所的浓浓爱恋。

海峡儿女情

这次旅途于我最大的收获，就是交到了大陆和台湾的许多朋友，我们每天生活在一起，吃同一顿饭，住同一个酒店，聊同一个话题，真是一件幸福的事情！

在两次读书交流会上，我感受到了台湾小伙伴们独有的、富有逻辑性的思维，以及对哲学的独到见解，这些都恰恰是我们大陆学生所缺乏的。在平时的交流中，我们也感受到了在文化教育方面的一些异同点。每当听到双方不同的地方时，我们都会觉得既惊奇又有趣。

回忆是时光里温暖的余烬。还记得排练最后一天晚会的节目时，大家一起听音乐，一起唱歌，一起出点子。排练主持人的时候，我们新颖地采用了中西结合的方法，一人讲英语，后面一人翻译，有时还有用谈话的方式报出每组节目，都使晚会又增添了一份乐趣。最后的那个晚上，大家坐在一起谈心，一起为对方准备离别礼物，写离别贺卡，心中都涌起了不舍之情。

后会有期

"你未看此花时,此花与汝同归于寂;你来看此花时,则此花颜色一时明白起来,便知此花不在你的心外。"每一个被我"看见"的瞬间,都被我采下,而采下的每一个当时,我都感受到一种"美"的逼迫。因为每一个当时,都稍纵即逝;稍纵,即逝。感恩遇见,感恩有你们,给我的人生增添了美好难忘的七天。后会有期,愿大家一切都好。

信的两头

□ 郑舒尹（厦大附属科技中学）

亲爱的小伙伴：

好久不见，展信安。

一晃眼，七日间充盈着的欢声笑语终究还是淡去，当初一腔心潮热血也渐渐平静。而今，拾掇拾掇心情，伴着窗外夏雨，为这一段旅程补上最后的后记。

五通码头，午时。大大小小、花花绿绿的行李箱散落脚边，等了不久，你们来了。"如约而至"是个多美好的词，等得辛苦，却从不辜负。说来应感谢导游的点名，让我在沉闷的大巴车中寻声找到了你，心中暗暗窃喜。在颇为刺激的破冰活动中，你就这么穿着便装跳起孔雀舞，说惊鸿万分太过浮夸，但着实韵味不减，令人着迷。我知道，台上信手拈来的即兴，是十几年舞蹈生涯的沉潜。看着你咧嘴大笑，露出一排洁白光亮的牙齿，爽朗的笑声与随和的性格更让我坚信，未来七日，同住一屋的我们会愉快得不得了！

"不若是，非人也"，木晦于根，春容晔敷；人晦于身，神明内腴。东周出孔丘，南宋有朱熹。中国古文化，泰山与武夷。那

日，我们在朱子书院听着讲座，乘机享受清凉习习。朱熹，理学之集大成者，他是巍峨的高山，仰之弥高，钻之弥深；他是冷夜的星光，温暖而明亮。八千里路，每一寸山河都有他的回响；千年历史，每时每刻都有他的身躯。小时候对于朱熹先生，总是一知半解，因为他是福建人，所以记牢了，现在想想，还真是无知啊。不知这是不是一种通病，看到生于同祖籍的名人大家，总会给他的伟大加分。直至今日，听了毕生研究朱子的书院老先生激昂愤慨的讲座，翻阅分发的朱熹书籍，朱熹先生的滔滔一生才在我面前铺展开：

　　反躬践实，穷理致知，传二程而分流；
　　讲学授徒，著书立说，配十哲之永馨。

　　天会老，地会荒，唯有文化，生生不息。

　　对了，你还记得那杯爽口解暑的酸梅汁吗？世间情动，莫过于盛夏白瓷梅子汤，碎冰碰壁当啷响，玻璃晴朗，橘子辉煌。虽然没有如此文艺的配备，但漫步土楼人家与田间阡陌，手捧冰凉的酸梅汁，也算幸福。华安土楼这一站，是最令我自在开心的，因为这里抬头是山，低头是灰白条纹的水泥。台湾也是多山之地，但四面海波粼粼。福建山也不少，但总有地方靠着海。

　　我的家在四面环山的小镇，我在四面环海的厦门上学。

　　大多数思乡之情都是这么来的吧——故乡的某些东西仿佛世上独有，这种情况在英语语法中要加定冠词 the 或大写。窗外的平顶房，或巷子里的吆喝声，抑或是楼下热气氤氲的卤面摊，感官会替你细数，一一收藏。过春风十里，尽荞麦青青，成了心中最柔软的地方，在某年某月某日某地，突然被刺激，于是古人作诗，作家写文，今人就差点泪湿。

　　从厦门到华安，车程不短，一路上就这么睡了醒，醒了又睡。

山路很弯，我自幼走惯，这样的路很容易晕车。车里定有不少人翻江倒海，便自然而然转头看向你。正巧一个十八弯，你的身体有椅子接承，头只能七摇八晃，甩东甩西，看得我满是心疼。你被折腾醒了，我拍拍自己的肩膀，示意你可以靠下，这样两人都好睡，你却在半梦半醒间摆了摆手。哎呀，竟然被拒了。我想了想，噢，你比我大来着。好吧，我笑了笑，目光移向窗外。

满窗的山，满眼的绿。

山啊，你们快看，是山呐！我在内心疯狂呼喊，但没敢表现得太激动，因为这山的情结是自己的。中途休息时，我决定下车走走。到处都是山的地方，最宝贵而又天然的就是空气。果不其然，车内混浊的冷气销声匿迹，只留下纯粹的青草味，深吸，顿感满足。见多了被高楼无情劈成两半的天，抬头仰望一整片广阔的天空——空荡荡的，只剩下云。人间此时，晴空一望无际，山河平静辽阔，无一点贪嗔痴爱，而我们匆匆忙忙，还在路上。我是凡人，只追求凡人的幸福，向上伸了伸懒腰，摇身一变成了"最幸福的人"。依稀听见有同行的老师开着玩笑说："哎呀，这地方好，退休来这养老，哈哈。"我无奈地笑了笑，里面的人想出去，外头的人想进来，大山里的生活常常如此。

华安不是我的故乡，却令我一见钟情。在靠近故乡的地方，近乡情怯只剩下愉悦。沁人的梅子汁，道路左右的农田，叫得出或者叫不出名字的绿色蔬菜，巨大的土楼，红泥的墙——于我，都是回忆。

另一个他乡变故乡的地方，是鼓浪屿。从这个码头，到那个码头，隔着浅浅的海湾。第一次登岛，是在我小学的时候，复杂交错的小巷，转角的弧度，文艺精致的小店，飘逸的沙滩裙配上夹趾拖鞋，种种风情都满足了这个迫切想长大的年纪。那时游客还不熙攘，道路还很宽敞，只一眼，便念念不忘，才刚离岛，就掰着指头数着日子要再次登临造访。但这一别，就是好几年，直到票价从

▲ 7月20日，同学们欣赏"福州三宝"之一——油纸伞

八元涨到三十元，我才再次渡过那浅浅的海湾。远处一座座错落有致的红砖小房子隐匿在一团团绿叶中，若隐若现，听不见喧嚣，看不见烟火。由远及近，郑成功的身躯越来越高大威武，目光深邃望向台湾，过去、现在、将来，就这么静静站着，回首向来，岁月轻擦，心海涛涛，从春流到夏，从秋流到冬。夜轻叹，止步又徘徊，相拥眠，梦回故乡来。你看到他的坚毅，我看到他的温柔，她看到他的不甘，他又看到他的落寞。我的期盼，越发沸腾，直至走到龙头路，突然心沉海底。打着雨伞的，抱着孩子的，浓妆艳抹的，挤来挤去，被人潮推着向前，再看看底下的路，烙满了竹签。我走遍每条热闹的街，努力忽略这些不愉快，为了寻找那家鱿鱼焖豆腐的小吃店，上次我们全家在这里一口气吃了五碗，那味道一直在我的味蕾记忆中。转来转去也没有找到，我心里一咯噔，千万别关店了啊，应该不可能，那店生意么好，怎么会亏咧？又转了一遍，还是没有。突然间，先前积累的不满与此刻的空落令我的眼泪几乎要

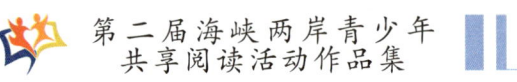

夺眶而出，矫情地想着鼓浪屿变了，不是记忆中那样了。这样说似乎有点不公平，但丢失了寄托的地方，就会成为可回可不回的地方。这么来来回回登岛好几次，这次与你一起的登岛，是第五次。走过无比熟悉的路，菽庄花园、钢琴博物馆，像早晨出门都会碰到的老朋友。一望可相见，一步如重城，所爱隔山海，山海不可平。至此，又多了一份回忆在这儿，我在这样一群人中走过漳州路、福建路、龙头路、鼓山路，妙不可言的感觉，说不出口的感动。

思乡这种情感，是永恒的话题，从古至今，被人一叹再叹。乡愁诗人余光中用一枚邮票作桥，搭载自己与故乡。老先生也曾说过这么一句话："酒入豪肠，七分酿成了月光，剩下三分啸成剑气，绣口一吐就半个盛唐。"初见这句话，我便觉得余老定然不只是"乡愁诗人"。那日踱步于余光中文学馆，便愈发觉得余老先生不简单。可见诗人并不总是孤傲难懂，越是深情的人越是热爱一切。"故乡的歌是支清远的笛，总在月亮的晚上响起。故乡的面貌却是一种模糊的惆怅，仿佛雾里的挥手别离。离别后，乡愁是一棵没有年轮的树，在岁月里永不老去"，这是席慕蓉的乡情。"洛阳城里见秋风，欲作家书意万重。复恐匆匆说不尽，行人临发又开封。"从源头到尽头，都是思乡的味道。而人生最好的三种状态，就是不期而遇、不言而喻、不药而愈。

看到一朵花开，不一定能看到花落。送一个人离开，不一定能等他回来。离别是重逢的原因，重逢却不一定是离别的结果。

没有转身，何来回头？"如果樱花常开，我们的生命常在，那么两厢邂逅，就不会动人情怀。"这就是遗憾存在的意义。这趟与你的路途，亦有遗憾：未能带你尝尝四果汤的冰爽。这样匆忙的旅途，一两日的停留，怎能了解一座城？所以我们都是过客，终究各奔东西。但因为有了遗憾，你便在这处丢了什么，总有一日会回来捡拾。

"一个人去哪里，不去哪里；做什么，不做什么，都有他足

够的理由。理解，并且陪他走上一程，足够。你不是任何人的神，你干预不了一颗心如何安放，如何停留。"台湾作家三毛对大陆一往情深，即使未踏入祖国腹地，离别时也潸然泪下。有回忆的地方，就是故乡。我相信，有朝一日，你会再次踏上这片隔海相望的土地，而我，以沉默，以眼泪，更要以一碗雪白的四果汤贺你。只愿世间风景千般万般熙攘过后，字里行间，人我两忘，相对无言。

Bustling sad end to the past, do not despair, mundane to the most beautiful soul-stirring.（那些繁华哀伤终成过往，请不要失望，平凡是为了最美的荡气回肠。）

你的小伙伴
2018年8月，深夜

浪

□ 曹若榆（台湾新竹女中）

　　从小喜欢在海边踏浪。那拍打西海岸的浪搅和着白与蓝，夹杂淡淡褐的色调滚滚而来。"那里，很久很久以前，是祖先来的地方。"很远很远的记忆里，有个模糊的印象，是母亲说故事一样温柔的声音，拉起我的手，指向天海交界的一端，深蓝隐成灰黑的细线。我知道，牵挂着的那片大陆，有历史，有故事，也有满满的陌生与空白。

　　于是，当我从机舱的小小窗口，透过层层玻璃望去，那湾海峡，如一段不甚平坦的蓝色绸缎。在天空的视野里，浪花幻化为无数小皱褶，勾勒几抹微笑似的弧度，而从天空落入海的怀抱后，那蓝，多了些深沉的翻搅，多了些起伏的不定，并且，连同我的兴奋一起在浪里摇荡。

　　五通码头的身影，初次见面的腼腆与对未来七天的期待，如阳光照耀于海面的波光粼粼，亮得刺眼。

　　三坊七巷、华安土楼、曾厝垵，一日一日划去的不是日历与行程表上的景点,而是陌生与胆怯。在老院子景区里和小伙伴留下第一张合影,薄薄的云彩与夕阳彩绘了那日的傍晚;在孔庙旁轻抚缘溪而建的石墙,它们屹立百年,而今缩小成我指腹所感的粗糙斑驳;在曾厝垵附近的海滨漫步,惊艳于白净的沙滩与即便人潮汹涌也丝毫不减的闲适惬意。寻一处矮墙坐下,看天,蓝的基调添上了红的色系,白云恣意翻滚其中,于是一切晕染,在双子星大楼的顶端展开一片无尽延伸的日落水彩,层层上色,最后还给夜幕;看海,海面由船只点缀,闪着光,海洋的星星熠熠,浪涛声不止。啪,浪碎了,待晶莹的水珠滑落,收成白色泡沫密密的网,将岸边的舞台留给下一波水花;"咔嚓",回过身只对上黑色的深邃镜头。"好美啊,我们来拍照,快来!"在每个对美好瞬间捕捉渴望的尝试间,笑语此起彼落,单眼相机里的身影是海浪随风卷起,友谊建立擦出光芒的契机。

  原先一直很害怕自己无法融入,无论是团体或是环境,我想,旅行不只是给予开阔视野的机会,也是锻炼打开自己心房的勇气。因陌生而更加敏锐的感官使得步伐放缓,也许是想留下鼓浪屿天空与蓝海的踪迹,同时在心中找一处自己的海阔天空,或是在鼎沸人声中捕捉浪花拍岸的轻轻呢喃,也可能只是单纯地想拥抱一份悠闲的舒适。在绿荫与小径间穿梭,虽然处处脱不去观光与商业的影子,却是在灿烂阳光下,导游的不断催促中,仍然捕捉到了些许事物。漫步的舒爽,聊天的笑语,身旁伙伴的阳伞陪伴,在乘船回到厦门岛的短短五分钟,脑海来回播放。

  而夜里的聚会就成为刻在心头上最重要美丽的行程与回忆。谈天、交流,烧烤外卖的香气,最单纯的笑,读书的苦与拼搏的渴望,找到共同嗜好时双眼迸发的神采,对文学的热忱是不尽的话题,读书会前或坐或卧朗读文章的声音,讨论时的沉思神情或踊跃地发言……点滴累积,思想碰撞,卷起了浪在我的心间——对任何事总能侃侃而谈,不同面向探讨解析得来的全新视野,以及从每句对谈中对彼此的渐渐熟悉与信任。

  原来，缘分不仅是和人的相遇，更是和所有生命、和太阳、和天地不同样貌的邂逅，如浪花的交织，永远都是不同的折射。

  前往华安大地土楼的途中最令人印象深刻。那起伏不定的丘陵，是地理课本分层设色图中绿与黄层叠的圆圈，熟悉却遥远。但当丘陵化为眼前绿色的浪，在天地间铺排，有别于海洋蓝色家族的独占鳌头，绿色的包容性更为强大，褐、黄、红，融入绿的布景，被轻轻抖动。于是，起伏出现，绵延开展，延伸未知的彼端。下车轻舒一口气，好似可以吸入阳光的炎热天空的辽阔与丘陵旺盛的生命力，飞碟般的土楼散布其中，轻抚二宜楼外围两百多年未曾改建的石壁，想象地下深达两米的地基，想要感觉耗费三十年建成的土楼究竟投注了多少心血与期盼，融合多少祝福在杉木横梁中。

  踏入土楼，像是进入了另一个小小世界，酷热的暑气被隔绝在外，天井却保留了四方形的一角天空，当然也保留了土楼内部的一片阴雨。不过，先人似乎什么都想到了，排水设施的建造甚至融合了具有平安意象的苹果形状，感动一瞬间涌上——土楼是为抵御侵扰而产生，却也许是因此凝聚了家族的团结，在为守护最珍贵亲人的愿望下，一砖一土，一木一梁，融合了许多建筑智慧与传统象征意义的土楼，它就在我的眼前。

  是多坚强的力量，才为后代撑起了一片天空，守护了安身立命的愿望？而那在土楼中心水井中反射的耀眼阳光，又见证了多少传承的故事？生命的浪潮，层层叠叠，遥想是种徒劳，不如轻啜一口茶，在舌尖的芬芳中听解说员分享——一位土楼媳妇儿对此地的骄傲与喜爱。

  归程是三个小时的摇摇晃晃，感觉自己也化作绿色巨浪的一部分，在其中摇荡。摇荡着所见所思，摇荡着五日以来的一切，同时摆在眼前的是两日后的归赋。

  浪将冲上礁岩，即使美好，却也是消失的预告。

我自认是个害怕离别的人，或者说，害怕离别的情绪，总觉得失去很可怕，因而甘于短暂疏离的相处。然而，太多的故事与感受，每个不同的生命故事相互碰撞，我们是否能在彼此的成长中留下些什么？在五通码头，通过行李检查后回头，视线所及中小小的一处，他们全都还在，用力挥手。这证明了一切。

　　笑着挥别，接着我笔直向前，不敢再回头。

　　像浪花成了泡沫，逐渐消退，回归海的怀抱。但短暂的交集过后，我们有曾经的笑容，有再次见面的约定，有一纸明信片也写不完的祝福，而哽在喉咙里的除了再见，还有感谢。感谢彼此，感谢缘分，感谢如浪一般的此趟相遇。

缘是浪涛
大珠小珠
相会于礁岩的褐色玉盘
闪现一瞬的晶莹
聚
散
然后 被纳入蓝色的缎带
再不复见
还好 早在生命的汪洋
留下了暖流
拥抱、微笑的温度

▲7月21日，码头登船口不舍送别

俗　客

□ 陈采翎（台湾台中女中）

朴拙的雕花屋檐下，盛夏沿着屋瓦被斜切在外，日光无从侵扰的阴影里，各色伞面的背景是一张胶漆不全的皮囊摊在摇晃的竹编椅上。之所以说那漆上得有瑕疵，是因为细看之下，几处剥蚀以肉眼可见的速度在表层滋长，且不说手掌、眼尾、胸背大面积蔓生的残疤，连同音色都被这东南沿海的湿气拧扭抹擦，侵得百孔千疮。

"姑娘仔，买伞无——"[1]那店主也没抬眼，不咸不淡地唤了句，那粗嘎的嗓子发出的音量倒也挺大。凭他这"得之我幸，失之我命"的叫卖态度，最好是能有个好销量，我心里暗忖。反正尚有三个坊等我这大文儒衣锦好还乡呀一展光禄，七条巷待我这小郎官过桥又上塔，妄言欲安民济世呀更愿吉庇天下。[2]这儿坊坊相连、巷巷相通，粉墙黛瓦之间，候我光顾的店家那般多，不缺这间

---

[1] 意思是"姑娘，买伞吗"。
[2] 三坊是衣锦坊、文儒坊、光禄坊；七巷是杨桥巷、郎官巷、安民巷、黄巷、塔巷、宫巷和吉庇巷。

破铺子。一番时间成本与赏玩价值的利弊权衡后，并无应声，我扭头不再瞧老板斜倚在竹编椅上不得体的卧姿，便要向烈日曝晒的路面走去。

"那伞还真是毫无美感可言呐。"巷弄里呕哑嘲哳间，凉凉的字句传进耳朵里，差一步就得承受热辣阳光荼毒的距离，我停步，是店主的声音。

瞅一眼手持着的黑色自动伞，金属手把、塑料布面，显然是文明社会的文明产物该有的文明水平。

是嘛，确实毫无美感可言。想来，我于那人大概也是极欠美感的吧。

艳色杂染的潮牌上衣印有"NEW YORK"的字样，下身正是老一辈最看不惯的嘻哈风格垮裤，肩绕旅行包、腰绑护照，颈子上还挂有识别证——浑身上下臃肿的世俗标签以彰显我别致的身份，活像展示柜里拼命甩卖着行头的衣架。再想方才那老板，衣装再多不过套件满是补丁的麻布裤，草鞋还零落了一只在地；这一身邋邋倾颓，这一生碌碌无为，他大抵也会说成是平安可贵吧？本就没打算策马尝一口春风得意，也不计较着什么怀才不遇；想当然尔，如今也仅成了那些大文豪欲往的酒家、那些映出帝王将相不凡的草芥、那些不思进取的我们。

"不然，什么样的伞才是真的美呀？"深知自动伞确实不美，也不欲反驳老板，我大可不理会转头就走。只是嘛，或许外头太热，又或许心头太躁，明明刚刚店主那话只是推销自家伞的诱导，也早被告诫别让店家有可乘之机，我还是坐在一旁的石阶上跟老板唠起话来。这时最迫切的想法便是，希望我看来别像个对福建的一花一草都兴味盎然的观光客。

"哎，这也不知道？你看这伞面的构图，"老板也没起身，眼睛瞟了一眼离我颇近的一把纸伞，"这张山水呀，是先用墨线勾出山石的轮廓，再用各种皴法画出山石明暗向背，然后用淡墨渲染，进一步加强山石的立体感……"后来的我也没听全，他一股脑说太多，况且这音色太干哑，听着难受。只知这个傲慢的老板倒还是对伞有热情，至少还是个忠实于技艺的匠人。

耐不住伞匠的絮絮叨叨，我看了一眼那把伞，没体会到老板口里说着的什么伞面画意，只看到带有古朴韵味的伞柄和伞骨，均保留素材原来的颜色；没有额外增色的添花，单纯是竹子的纹理就足以让一个华夏子民的血液沸腾。那样久远的技艺，到了现代已成为仅供艺术鉴赏之用，虽摆渡了千百载方以这样的姿态呈在我眼前的，可这样的文化也必然溺于新堆迭的岁月吧。在伞尚被欣赏的这个时代，在我还拥有锦绣年华的这一天，我能与之重逢，是何其荣幸的事！

"谢谢，真是谢谢。"像对伞说、对这缘分说、对费尽唇舌介绍伞面价值的老板说，我浅浅地道谢。

"我叫老吴，"可能是因为我简短却肯定的回答，老吴别开眼，略有困窘地谈起自己，"阮每天在这顾，造伞造了大半生。"[1]

见老吴身为一店主，不称自己是卖伞人，倒以造伞作为他恬淡半生的脚注，我顿时来了兴味。一个以造伞为业、卖伞维生的福建人，于他，究竟这伞是何物呀？

"伞呀，据说在从前福州人的生活中有重要的地位，我听说你们这里有句俗语叫'包袱伞'，意思是出门人所带包袱中都有伞。哎，这不挺浪漫的吗？"我说着，一面把玩着那把素纸伞，幻想着这外头倏地下了场淅淅沥沥的雨。待那乌云一盖——夜半潇潇，急雨打芭蕉；晨起软濡，细雨浇田寮。哪怕是午后滂沱大雨击树梢，大家有志一同，默契地展开手中的伞，这不共同迎接了一场意外的雨，又共同抵御了浸湿身子的处境吗？说到伞，除却杨柳堤岸的儿女情长，大概还有其他浪漫的解法。

---

[1] 意思是"我每天在这里看店，做伞做了大半生"。

"不就避雨吗？哪有什么浪漫，沃得全身躯拢湿[1]。"老吴满不在乎地否决了我对于伞的梦幻臆想。顿了几秒，或许是心里正嘲笑着外地姑娘对伞的过分美化，又或是陈年腰疾导致的酸痛袭来，老吴坐了下来。

"吱嘎——"竹编椅被压得出声。老吴也跟着出了声。

"附近街坊大多贩卖游客青睐的纪念品、明信片。连同那伞呀，拢系[2]小小一把，摆饰用的。"

"也呒[3]知那样的伞要做啥，落雨时也不能用。"

"呒成样子。"

老吴说这话时，凝望着对街那排袖珍的精致绣花伞，也不知看到的是什么。我默然看着老吴眼底的漠然，又看着装束与我相似的行人们显而易见的漠然。

"阿伯做的伞，很美。"抚着另一把朴素的素色薄纸伞，我轻轻地说。

"若是水[4]，小姑娘欲买无？"

"呒咧。"

"浪费阮困中午时间。"老吴喊了声，躺下。转过身，不再看向我这头。

"吱嘎——"竹编椅再度被压得出声。老吴这次没再出声。

生意人总以客为尊，顾客至上嘛，怎知老吴是这种性格？还真是头一次看见这样做生意的，倒像我是客、他是主了。

噫，不对呀，我本是客，他本是主。

是呢，便是那松弛皮肉疲软地散溢在陈旧的竹编椅上，也没有

---

[1] "沃得全身躯拢湿"：意思是"淋得全身都湿了"。

[2] 拢系：意思是"都是"。

[3] 呒：意思是"没有，不"。

[4] 水：意思是"美，漂亮"。

分毫逾越了这幅巷前院后深色如画的景致。倒是我，擅闯了这容不得一点城市嘈杂的净土，之所以觉得老吴这店主当得偷懒散漫，应该是由于我本不属于福建，且我庸碌的气味不被这儿的闲逸接纳吧。福建这块土地只能允许老吴这样的人安身，不是给哪个意气风发的风流文郎，不是给哪个威震四方的魁梧守将，更不是给哪个来自异乡的小姑娘得以融入的。买了伞约略也是无用的，仿佛终于听清了那把鹅黄纸伞温润地说着："异乡的姑娘呀，福建的伞只承得住福建的雨和阳光，一如福建只承得住这三坊七巷的卖伞郎。"

也是，这儿没那么多诗意，不过凝集了一群老吴，一群以本真过日子的凡人。并无江南烟雨的画舫层沓，也并无苍茫北风的壮阔盛大，只存惹人烦厌的黏腻湿气，还有距离最近的人情。那些老吴们呀，自是不明白文人眼里的是花酒还是月亮，不会学哪儿来的嗜

▲ 离别前，互相留下联系方式

酒老翁故作无谓的刻苦种地。老吴定是那种，看见米粮就大呼"有得呷饭[1]啰！"，那米不足五斗也躬身拾起、欣快回家的人吧？

老吴不过安安稳稳当这小铺子的主，这平淡人生的主，这福建的主罢了。而我则本是客，不过借故学学当地人沾一口风雅，就此别去。

"阿伯，我走了，你保重。"我拍了拍裤管上的尘土，再最后看一眼那把伞。那伞仍是宁谧自若地安放在摊位边上，不等谁来赎身、谁来赏。

"嗯。"老吴不改高姿态，自鼻孔挤了一声算是回应。我无声笑了笑，估计他是没看见的。

那卖伞郎仍是宁谧自若地安住在福建边上，不等谁来赎身、谁来赏。

---

[1] 呷饭：意思是"吃饭"。

自言自语

□ 洪孟杰（台湾彰化高中）

一

我把帽檐压得极低，不让人看出一丝破绽。靛蓝色的冷光闪烁，科技的疏离竟瞬间变成禅修式的宁静，荒唐的安心感蔓延至戒备森严的瞳孔深处，没人注意到。圆桌上谁都无暇顾及彼此，总有发不完的动态、点不完的赞。"这样倒好，我也自在些。"嘴际肌肉熟练地牵动，斜起精准角度的一抹笑。

好冷，明明摄氏三十几度。车声杂沓的厦门刺痛着耳膜，燥热却令人冷汗直流。

鸡皮疙瘩在一切混乱中站立起——这躯体、意识，与程序驱动的行为。只有七天，我知道。情感是有趣的回忆载体，一幕幕精准对焦后，再将它存于记忆地窖的木桶，在岁月中发酵。

期待？我不知道，也不重要，几乎要怀疑这是不是我自己的大脑了。

二

你们自以为认识我？

我握紧麦克风，生怕露出一点破绽，眼角左右飘移着拿捏过的胆怯。此刻羞涩的我，你信了吗？观众窃自白了眼、打个呵欠，纳闷还有多久结束。我啐了一句英文，自信而傲气的神情可吓着你？喷溅出的口沫尚未着地，眉型又排出担忧犹豫的八字队形，低声轻语地向大家解释，而后又一派轻松地闲聊起《甄嬛传》种种。

这么多角色，你们信了哪一个？

说我活泼有趣，你印象极深；但他几乎崩溃呐喊：如此"社会"的人怎会是我的室友！只展露3%性格便能引起热烈讨论与反应，真不愧为明星，是吧？她曾说我完美地阐述"不自恋的人无法写作"这道理。其实，我是个挺自卑的畏寒肉块。

三

送出报名资料的那刻，我逼自己忘了这回事。

她们睡了。一人走在近午夜的大阪街头，闻到那年在波士顿公寓里的味道。懊悔是细碎的折磨，让你屈服于过往，甘愿当回忆里的人质赎罪，不再有所期待。气味，是特定时空下的记忆产物，时移事易，即使了然一切都已远离，曾经的熟悉与油然而生的怅然仍使你在路灯下愣愣许久。我用力吸闻，不会错，就是这个味道！宁静的住宅区，暗影鬼魅，对街的一只黑猫盯着我良久，仿佛正目睹灵魂如何在暗夜里被回忆中的气味与气味中的回忆蛊惑。忽然，手机一震。

"恭喜您正式录取第二届海峡两岸……"最近的心情很差，绵绵细雨的半阴半晴与霉味使整个人如打湿的外衣呈半潮湿状态，只

▲7月18日，海峡两岸学子在漳州二宜楼合影

偶尔迎向那夹着雨丝的风，佯装异国情调的浪漫。录取通知借手机冷光映在脸上，兴奋和着焦虑沿着脸颊缓缓滑落。

如果可以，我想就这么一直躲着，躲在……

我终究不够格吧。

四

"你很棒！"我瞬间无语，你大概没意识到这三字的分量。

若以化妆比喻，强装的自信一如画眉，细挑瘦长、粗浓密实都只是两三下的功夫，不易出错却也最不牢靠，明眼人总能细辨出；我以鲜明的个性，隐蔽了不愿被注意到的伤疤与缺陷。

你可曾看出？或许有。但你不曾主动提起。那晚在房里，你递了一颗山竹要我尝尝。"快吃，水果带不回去的。"你转过身继续写给我的卡片，我若无其事地把山竹塞进背包，有种想要留住什么的感觉。一只行李箱，装不了回忆。我不愿再想，也不知该如何处置芜杂的情绪。大概只有土楼前的第一张合照，能安稳地躺在笑靥的灿烂里。

那晚写卡片时，斟酌许久迟迟无法动笔，后来只写下：争食鱼眼珠、南非小公主、惹人注目的惨叫鸡……

五

　　活动结束后，彼此又继续各自的人生，再次毫不相关，甚至哪天擦身而过也不会发现，我又何故揭露如此隐秘幽微的内在？历史文化与个人感思是更切题些，我却想让你知道我是何等美好、任性、自恋、怯懦、浮夸又低调，不喜人注意的矛盾生物。跟你相处总有说不出的自在，无须营造气氛，静默相对也不尴尬。

　　再多的笔画也刻不出缘分的难得，舍不得写太多字，怕你看了眼酸。

　　在码头，我把山竹吃了。一滴泪也没留下，塞进行李箱，全都带走。

朦　朦

□ 江宛桦（台湾嘉义女中）

如果可以，请让我忘记这七天中，似梦的一切。

往鼓浪屿的渡轮启动，涛声是安详的，波澜如母亲，轻轻推着孩子走。我太害怕了，怕如金门往厦门的那艘船，上上下下摇晃、船身摆荡如受惊的婴儿。抵达厦门那天伊始，天气阴阴恍若准备大雨。我反正是下意识环抱渡轮上的柱子，被朋友们开玩笑说是现代尾生。

尾生与友人期于鼓浪屿，友人迎来，水涨船曳，尾生惊恐，众人见尾生抱梁柱而笑。

摇摇摆摆至孤独的鼓浪屿，她享有的盛名早已让自己变得孤高与某种程度的难以接近。阳光绚烂到令我不禁眯眼，视线总被压缩，暑气蒸腾，一把把伞张开如繁花，更是衬着这林荫与绿色藤蔓漫布的街衢。在街道迷宫里走走停停，耳畔传来的是导游的声音，片片段段叙述着建筑与历史的故事。但在那些杂沓声中，不知真正入耳的有几句呢？周遭的人最惯常的举动是拿着折扇为彼此捎上凉风、举起相机或手机拍照与记录。在鼓浪屿，正常人闭眼一刻都会觉得浪费。欧式建筑遍地是，各国领事馆矗立着，宁静地看游人如水流动。街道像水道，分岔又持续延伸至下游，形成流域。因此若有人说，她是那些欧式建筑与西方文化的小世界，我更认为她是一个秘密的，充满蓝色流水与音符缭绕的小山城。

向来不喜欢满坑满谷的人海，尤其是走马看花的游客如织。也许，因为这样，鼓浪屿便被认为不是个适合居住的地方。那些嘈杂让仙境轻易成为人境，我不是陶渊明，实在无法"心远"。非必要时总摘下眼镜，唯此才得以让视线朦朦，滤掉一些想尽力忽视的，专注凝视眼前重要的事物。缺点亦轻易展现，总是看得不够清楚。

于是在水道中渐渐迷路，愣愣跟随前方脚步，失去方向感。

走过那些商店与特色建筑。快速走过中山路的骑楼们，掠过始终不敢尝试的土笋冻，店家密集度简直媲美台湾苗栗的草莓园。一听里头是沙虫，我怎样也不敢尝试。你倒说自己不买的理由是觉得沙虫不够多。走过曾厝垵，短暂的自由时刻，你拉着我飞速穿梭于堵堵人墙。那些巷弄恍惚让人有在淡水老街的错觉，同样物价偏高、人满为患，甚至连建筑都那么相像。我突然很想家，不知为何。你总自信于闯荡的每一步，直指生蚝叫我一定要尝试。战战兢兢的自己与你相差甚大。我被你们那份真诚，每个人都那样可爱的真挚所感染，一边笑着说好啊一起吃吧，一边伴随害怕拉肚子的惶恐。结果真的是好吃极了！身体也没有任何状况。原来隔了一道海峡的海鲜味道根本所差无几呀。

开始想放心地去踩踏、奔驰于这块土地，不跨步，谁知道会错过什么呢？

靠着直觉寻觅方向，迷路在人生，漫无目的行走在偌大的博物馆。迷路在饭店的房间号码中，只是我跟你忽然发现我们在隔壁房，聚会完全不成问题。车上，导游的介绍渐渐消失在车厢。窗外阳光移动脚步，我们恐怕都做了无数个梦，在无意识中走了无数的路。迷路到土楼那天，是我最喜欢的一个行程。

那圆形如镜片，透着蔚蓝的天空，云朵歇脚同处，古老水井至今仍使用，流传着长生的清澈。土楼群在长途跋涉的山群中，称不上隐秘，却已足够与世隔绝。有人说，这里只是居住场所；有人说，这里充满商品的推销。但我却如此钟爱一个仿佛能自给自足的小桃花源，不像鼓浪屿的文明与被游客喧宾夺主了的原有光彩，而是那般朴实地驻守在原地，本质不改，依旧是人们的生活场域。在刚到来时，甚至有两个孩子从土楼的四楼朝我们吆喝。更令人钦佩的，是那亘古的智慧，让生命一代代安全延续，他们花了多少心力在这巨大的土楼上，他们只是试图抵御，却并不伤害，坚强却又温柔。我突然由衷地希望，此地可永远不要被破坏啊。

脑袋最最清醒的时刻，大抵是跟第四小组相关的种种。从谈话的艺术，自我介绍与介绍他人一轮的脑筋急转弯。再至感官的摹写，用视觉、听觉、嗅觉、味觉叙述未知题目前所写下的事物。那些激荡早已不是指定阅读的文本上的框架，而是跃然纸上的应用。再来提港式餐厅那激起革命情感的晚餐，我们使劲分配谁该把哪个食物吃完。"食不知味"的那餐恐怕是记忆里最明亮的一隅。明亮深刻的回忆照耀那数个为晚会而苦恼的夜晚。莫名讨论出了跳彼此的健康操、引起大家的共鸣。好喜欢我们因为那些难以完成的动作，而跟不上节奏的崩溃，与看别人的认真却忍俊不禁的时光。就算害羞，也要为小组勉强牺牲；就算有肢体障碍，也要奋力协调。在教学与成列训练时，为自己做错而狂笑，为他人矫正动作。因有了这些痛苦美好，肯定比起任何时刻都与你们更近吧。

时不时会觉得与你们隔着一层帷幕，如细细小雨一般，虽触手可及，却须淋湿了身体才得以靠近。相近却迥异，在蒙蒙里的短暂相会，有点像厦门的燠热与闷。

我常在这几天想，想忘记这几天的所有一切。为了刻意不看见的那些，我的眼睛的确看不见真实的每一面，可能是过于美化的，

▲7月17日，读书分享会

  可能那些棱角都不够清晰，可能因此趟是我第一次离家最远的壮游而修饰成雕栏玉砌。这样怎能算是真正的感知福建、感知土地、感知你们呢？总望得这样近，近到几乎在寻找文化差异中反反复复地辗转。我实是认为自己是失败的，面对如此张开双臂的此处。

  我能否试图望得更远呢？能不能忘记这次的所有，重新来过？这次我要好好地拥抱可爱的你们，丢下一切包袱，跟你一样地朝那里奔跑。

  旅途的终结依然是船。正如七日前我们漂洋而来所看见的生涩面孔，今日转化成该道别却说不出口的深情。仿佛明天还会继续，这里只是长途旅程的休息站。"再见了。"那些煽情的话我早已忘了，唯有此句深深烙印下。相送，过关；上船，拣位；回眸。七日过得太快，到了第三天已然足以开始倒数分离的时日。窗外又开始雾蒙蒙，厦门越变越小。已经不怕坐船，不怕被突如其来的骇浪惊醒。怕的是不知如何整理好这些回忆，该放进哪个记忆抽屉才能妥善收藏？

还记得你与我一起吃的那碗"方便面"，我笑着跟你说我们这里叫"泡面"。我们一起慵懒盘腿于床上，看着《朗读者》。热茶让眼镜起雾、眼前模糊。记忆开始朦胧，如下着雨，如雨对面的你们。好像就要这样渐渐忘了，即将重新洗刷这梦一样的短暂与惊奇旅程。

开玩笑的，怎么可能忘记这一切？

倘若我真是现代尾生，请让我永远抱住曾许下的那与你们的约定。

再见了。

妈祖的祝福

□ 刘智旻（台湾新竹高级商业职业学校）

随着水花飞溅，"闽南传奇"的表演舞台上忽然一阵颤动，接着在舞台的一部分，也就是水池的位置，缓缓浮出了一尊有十米高的妈祖塑像。其景象之壮观，甚至让旁边一直喋喋不休的朋友都闭上了嘴。

当两岸名闻遐迩的守护神——妈祖（默娘）一出现，声光绽放。大家欢声雷动，配合场景，掌声不绝于耳。有人忙着鼓掌，有人开始赞叹起了设计者的巧思，但我只是盯着神像看。

妈祖的神情庄严，那对双眼紧紧地注视前方，像是在看着什么。然而，就在这时，我仿佛看见妈祖的眼球动了起来，并直直地看向了我。

刹那间，我感受到一股强力冲击，那对俯视下来的目光像是要把我吸进异次元一般。我紧抓着扶手，想要掌控自己的身体，但意识逐渐消散，最后耳边什么也听不见了。

不知过了多久，我赫然惊醒，发现自己在一个陌生的地方，周围立着漆成红色的木柱，还镌刻着"海上守护神"等字样，看样子应该是一座庙宇。

哐啷！一对朱红的筊杯在空中交错撞击，然后坠向地面。

我循着声音找去，便发现在灵庙的正中央，一名年事已高的白发老人一手拄着不断晃动的拐杖，一手则是奋力伸向地上的筊杯。他的脸孔布满了如千年古树般繁杂的皱纹，随风闪动的飘渺烛火在他的眼珠中摇曳，使老者的形象更显沧桑。

我走上前去，想要帮他拾起，但我的手只是穿过了筊杯。我试着向那名老者搭话，但也没有得到任何回应。

终于，老者拾起了筊杯。他本作势要拄杖而起，却又突然想起了什么，放下了拐杖，双膝跪地，尽力挺起那早已严重驼背的背部，看着灵庙正前方的塑像。

"默娘，您真是什么都知，即使我瞒也没用。想必您一定是打从我踏进门的一瞬就知晓了吧！"老者正视塑像的双眼静静地说道。在昏暗的光线之中，老者的眼神或许带了点惆怅。

天花板上布满了蜘蛛，庙口左右的千里眼、顺风耳画像早已斑驳锈蚀，门坎上还被白蚁蛀了个洞，看得出来已经很久没有人来过这了。

"默娘，真的很对不起，这边已经被选为铁路建设地，我一直请求，要他们别把这乡内的妈祖庙给拆掉，不过，纵使我是乡长，也无能为力。明天就会有工程车过来了。默娘，能够原谅我徐二吗？"语毕，老者又掷了一次筊杯，但结果依然不变。

老者见状，吸了吸鼻子。"是吗……是呢，这样的问题问了也只是白问，我明白，真的明白。"老者从脸上硬挤出笑容，但不是很成功。他拄着拐杖起身，缓缓步向门外。

在门坎前老者回过了头："放心吧，这不是个结束，我们闽南人绝对不会忘记妈祖婆。"说完，他深深地鞠了一躬之后便离去了，整座庙又回归了沉睡般的寂静。

突然，一阵强烈的眩晕感传来，我眼冒金星，忍不住扶着头。待回过神来，发现自己正悬浮在半空中。不远处，站着一名身材纤瘦、表情庄严的女性。

我定睛一看，瞠目结舌，那不是妈祖吗？

妈祖娘娘正默默地望着老者，直到他的身影消失在街头转角。

看着脚底下的老旧灵庙，妈祖娘娘的内心感到有些哀伤。对她来说，不论是这屋子还是徐二，都是满满的珍贵记忆。徐二是在黑水沟中呱呱坠地的，当时大雨轰隆作响，波涛险恶。妈祖娘娘救下了他，然而没想到这份缘分竟持续了六十年之久。妈祖娘娘看着他，打从一路踩着泥巴越过田垄的稚嫩孩童，到穿着笔挺西装黑的优秀乡长，一点也不漏地全看在眼里。

当年，不少来自福建的人们为求发展，纷纷冒险跨越惊涛骇浪的黑水沟。默娘倾尽全力保护了不少人的生命。因此，许多人深深地尊敬着她，这间庙宇也是从那时建起来的。在当时，人们需要妈祖的祝福。

随着时代的变迁，两岸的交通往来变得不再困难，船难的牺牲者也大幅下降……妈祖娘娘对于人们能够预防海上意外，感到欢欣。

这时，外头不知不觉下起了滂沱大雨，水珠从屋顶的缝隙间渗了进来，沿着梁柱一滴滴地落在妈祖塑像的头上。

闽南人移居台湾此地的历史最早可追溯至清代康熙年间，因海上活动频繁的缘故，四处可见妈祖庙的身影光是台湾就有五百间以上。每年的妈祖诞辰活动更是不用说，处处都挤满了人。乡亲们争相要抬妈祖娘娘的神轿，绕境的路上不论老少都高声欢呼，为妈祖对世人的贡献致上感激。

默娘暗暗地期望，希望下一代的人们能够过着更幸福的生活。

我看着她的身影逐渐消失，双腿不自觉地动了起来。我扑了过去，但是太迟了，妈祖的身影已经消失，而我像是一粒水珠般，无力地坠向下方的大海。

"喂！走啰！表演已经结束了，再不走的话，工作人员要关门了。"一阵叫声吵醒了我。我缓缓睁开眼睛，试着转了转眼球。

刚才的……是梦？

我不敢相信地看向四周，发现自己回到了观众席上，旁边，朋友正一脸担忧地看着我。"你怎么了？是身体不舒服吗？"

我摇了摇头，视线不自觉地飘向舞台上的妈祖神像。那对双眼紧紧注视前方，像是在看着什么，又彷佛什么都没有看。

不过，我已经知道了答案。

"好，走吧！"我使劲拍了拍脸颊，抖落从眼眶中渗出的一滴泪，起身离开了观众席。

▲ 离别前的叮咛嘱咐

北纬 24 度的跫音

□ 罗少君（台湾新竹女中）

一切都被悬宕在那里了，几步跟跄行李滚轮兽的低喃，随着忐忑肩胛骨起伏的渡船，隐隐约约攀附在发梢蓝色的咸味，包括七月。而七月的夏意被斟得太满，港湾的长臂将碧海映出的阳光怀揣，静得与世无争的低频引擎声被关在疲惫的扇叶皱褶，凝滞在水底。沉甸甸室闷的湿气缠绕我对陌生土地困惑的思忖，像是任何一种蝉茧蹲伏贫土的受困。

一段轮船的翻覆，我依循着半小时的斜坡道向下行走，一步一步，踌躇不安的灵魂摇摇晃晃降落在尽头。尽头彼端是整座城市拓展开来的椰子林，北纬 24.26 度。

一阵晕眩，我感到难以在脑中拼贴出厦门的雏形，轮廓实在太难以捉摸。那种熟悉的贴着耳膜震动的语言频率仿佛更加浓厚且凸出了棱角，稍微向上扬起尘埃的步调，同样令人窒息，却更加热辣，宛如针尖啮咬的锋芒，又恍若白昼梦游，烦嚣城市里，我们的行履豢养着熟识与陌生的百感交集。

许多潺湲流光，我只是静默地宛若质数独自倚在窗棂边，蜗居在颠簸的框里。沿着山路旅途一格又一格的跑马灯光景，瞳孔布下蜘蛛网密密麻麻地攫取，古朴或是霓虹流萤都长齐了洁白、无处惹尘的羽毛，在睡眠里成群结队向记忆归巢。在华灯初歇的南方港镇说孔庙，而我不知道那色彩基调的朱红砖墙与水泥，是否能勾勒一指一指薄薄反复改建的纱或乘载历史的尘，又或者我与一尊尊脸廓逐渐磨平的石像，能交会多少刹那的眼神？漫无目的，腐蚀意识般的灼热感，廊下的我沿着模糊不清的石碑文行走，回忆如汪洋竟随那延伸不尽的长廊漫渑出去了。羽毛根管般泪水也有长廊的笔直，行行伫立仿佛捏陶诸子像的眼眸、篆字石刻的凹陷，有如层层叠叠似浮沉山峦的教科书，在我的世界里一亩又一亩地插立了起来，中学记忆的毛球浮起了难耐的刺使我瑟瑟发抖。无所遁逃，掩面蹲下，仿佛幻化成暗流漩涡直落深渊似地不停下坠。"砰"的一声沉闷巨响，在泥淖一般混沌不清的乡音讲课声中，纷沓杂绪在同安诸子讲堂中忽地如苏醒的鸟兽散开。

俯下身往那浑圆一探，竟宛若载浮载沉于平波潋滟的玉盘，又可比拟斜斜织罗起春雨抚触过后一掌掌攀着木缘萌生的蘑菇，牵引起我走进一座又一座村城。我一个踉跄，跌落其中，这一口口井似的土楼像容器将我圈养，堆砌起一块块不规则的石墙，隙缝间隐隐约约夹杂着如热油"哔哔波波"弹跳的叫卖嬉闹声、藏匿着房舍内户户家常闲谈，仿佛有光。一格又一格连绵稿纸般的房间框起了一方又一方缓缓洒落的阳光，这一口井仿若有奔涌而出的源头活水，将世代的尾尾红鱼在山巅僻静的一隅静默豢养。乍看似狭洞的传声孔，我凝视微微透出的弱光，缥缈地轻轻"呵"了一声，会有人听见我自漳州土楼如蚊蚋般的呐喊吗？

或许能令我勾勒起台湾天空的面庞样貌，那样晴日静美，像是中学生自然课本里的高气压云图。穹庐是可以渗出海水的澄明的蓝，倾倒水彩般渲染开凹凸不平的烙痕，漫拓纸质纤维似一丝丝云彩。市街宛若盘根错节的繁枝，兜售小吃的摊贩依着狭长蜿蜒的路——扎下牢牢的根，油烟在鼻腔中黏附的呛味、腥臭汗水混合交叠着肌肤的摩肩接踵、洪亮的叫卖于我形同陌生的"台湾美食"的余音掺杂，恍若有台湾夜市的影子在隐隐摇晃，如半睡半醒之际的黎明之景。我蹲伏在曾厝垵街口，仿佛在记忆的隧道前，如斯斑斓的街上一道亮晃晃的光影如流水，如斯酣甜的饮醉落日，又淹没了脉络的街，每一间小贩都热络鼎沸，我顺人潮行走，沿街拾起灵光片羽，宛若梦游。

然岛屿的气味像是雨滴坠落前土壤微微松动的发酵气息，揉散着礁石浪花碎散的咸味，闷湿、困倦，有着老花猫式的慵懒，我在码头边踟蹰漫步仿佛步伐是踏足琴键的女伶。一幢幢的洋房矗立在古朴的街巷两侧，顶着一顶草帽的街头卖艺者穿梭其间，鼓浪屿仿佛拥有混血的面貌。洒落金黄色光线充盈整座外图书店的顷刻，我

们像是围着火炉絮语一般蜷缩在书堆之中，捡拾着密麻如蚁、字里行间洁羽般的一缕缕思绪，此起彼落的话语，时而扬起分贝的"咯咯"笑靥，仿佛热铁镌刻似的烙印在书墙上，而我们沉溺其中无法自拔，像是出关前最后一个拥抱那样深沉。

漾起笑靥的下颔是一种单纯而快乐的线条，初时邂逅尴尬笑容的脸廓，共同挥汗跋涉长路的灌铅的脚步，相偎相依的背影……一切都缥缈得不像话。而美好的事物一但随着行旅的步履渐渐浮现，就会宛若夏日雾气的出泡乌龙，滋润地包裹着我们，一丝丝向一寸寸肌肤的毛细孔渗去。时而灵光闪现，无论是坚实的物体、南方的光线、汗水混杂海水的气味、嘈杂却雀跃的不同腔调的声音，或仅仅是一种淡然无以名之的回忆悸动，都如硕果的甜美，如我们闪亮的纯粹。

夜　曲

□ 苏筠乔（台湾明道中学）

晚上九点二十分。

夜晚的步伐如一只鬼魅的猫，静悄悄地在时空的轨迹中挪步。海浪朝朝暮暮拍打在小岛的岩石上，击出恒长且绵密的鼓音。码头的登船口，男人身着一袭深蓝色布衫，肩负一个和他身高差不多的黑色大长包，缓步走向开往彼岸的渡轮，他嘴上挂着浅浅淡淡的笑，眉宇间却有一股化不开的愁思，凹陷的面颊见证岁月雕刻的沧桑，背上的大包沉甸甸压在他肩头，像是太沉重的负荷。

夜间乘客相对稀少，零零星星的归人畅谈说笑着，气氛很是轻松。他找了一个靠栏杆的位置，凝视着对岸的小岛——鼓浪屿。二十年不曾回家了，郑成功的雕像却依然挺立着，像最深情的守护。

开船的鸣笛声响起，海波在月光下泛着银亮的色泽，他指尖夹着一根烟，微弱的红光在焦黑的烟头若隐若现。在海外漂流那么多年，靠着打零工维生，像一株无根的浮萍，从一个城市流浪到另一个城市，明明好几次几乎要撑不下去了，想回家，可心里那个死节却总是一次次把它推得更远，宁愿露宿街头，也不愿回到温暖的小巷。

不到十分钟的时间，渡轮已经靠近钢琴码头，岛上的一花一木跃进他的眼帘，是那么的陌生而又熟悉。这份冲击令他心口一阵微热的窒息，回来前明明都已经想好了，却依然无法控制自己的情绪。他重重地吐出一口白雾，朦胧间，他仿佛看见她站在码头边向他挥手，刺眼的红色裙摆如怒放的芍药在风中翻扬。

"皓宇哥哥——"清脆如风铃的嗓音，住在他回忆里的声音。

他脑海中竟然开始不受控制地奏起熟悉的旋律，轻柔静谧的钢琴声，像是不小心打翻了月光，清朗的泼洒下来，紧锁在他内心深处记忆的盒子骤然被开启。

他想起第一次见到她时，是在小学的音乐教室里，那一年他十二岁，她七岁。放学时，他独自待在空旷的教室，修长的指间敲过黑白相间的琴键，柔婉得像窗外奶油般融化的夕阳，他心无旁骛地弹着，力求在每个音都不弹错的情况下寻求心中的写意。突然，他感觉到身后注视的目光，一回头，一双黑白分明的大眼睛亮闪闪地盯着他，一眨也不眨，干净得像钢琴的键盘。

"好好听，你弹的是什么？"她穿着略大的制服，白色衬衫、蓝色百褶裙，背着红色卡通图案的书包，扎着粉红蝴蝶节的双辫有些凌乱，唯独那双清澈的眼睛和红扑扑的脸颊令他的指间乱了节拍。

"肖邦的《夜曲》，第九号。"琴声戛然而止，沉默了几秒，他看到她制服上的学号——一年七班，"怎么还不回家？"

"本来要回家了，可是经过教室听到钢琴声好好听。"软软嫩嫩的声音，他只觉得从来没有听过那么好听的声音，从小受过多少长辈的赞美和同侪欣羡忌妒的评论，都不如她这句"好好听"来得真诚动听，心中莫名漾起一股温柔。他将她轻轻抱起，放到钢琴椅上。

"学过钢琴吗？"他尽量让自己的声音听起来很温柔，生怕吓到她。

"学过一点点，你看我会弹《小蜜蜂》哟！"说着，她便用胖嘟嘟的右手，笨拙地按出简单的音符，那卖力的模样不禁让他哑然失笑。

这个岛上，几乎家家户户的孩子都学过钢琴，除了电视、电冰箱、洗衣机这三宝以外，钢琴成了每个家庭必备的家具。但毕竟有天分的人还是少数，他便是那少数中的少数。他的母亲是钢琴老师，从五岁开始他便受到严苛的训练，每天练琴十小时，常常在母亲的鞭策下一边哭一边弹，弹到双手红肿，泡了一会儿冷水又继续弹。最初他也叫苦连天，哪个小男孩不爱玩呢？但后来竟慢慢磨炼出成就和兴趣，性子也渐渐变得沉稳，还有一点点孤僻，这让他看起来比同龄的孩子成熟许多。

那天傍晚，他牵着她莲藕般的小手送她回家，走在红砖与青石拼凑的巷道，大部分游客都已归巢，没有汽车引擎和人声的喧闹，一栋栋欧式建筑镀上温暖的橘红色，蜘蛛网般的道路住着历史的痕迹。她手心温热的触感贴在他掌心，风吹着钢琴的旋律拂过他们的脸颊，时光仿佛凝固了一般，在他脑海永远定格。

那天，她才惊讶地发现，那个女孩，原来就住在他家那条巷子的最尾端，如此的近，他竟然没发现。他也知道了她的名字叫庭慧，于是，他们之间有了约定，他会教她弹钢琴。

后来，她成了他的跟屁虫，每天早上打开大门，他总能看到她笑眯眯地等在外面，等着他拉起她的手一起上学去。他性子沉静，不爱说话，她却总是有说不完的话，如此一个说、一个听，有种无形的默契在他们之间形成。周末的午后，他喜欢窝在街口一棵古榕树上看人物传记，粗糙壮硕的枝干展向天际，阳光从叶子的缝隙窜进来，偶尔伴着蝉鸣和鸟语，演奏整个下午。她便也学着他爬上比较低的枝丫，拿着图画本安静地涂鸦，大部分的时间他们一句话也不说，只是偶尔交换一个心领神会的微笑。

她特别喜欢红色，不穿校服的时候，她总是爱穿鲜红色的裙子，风一吹，一束火焰在她腰部以下翻滚，艳得令人睁不开眼睛。他问过她对红色执着的原因。

"这样你才能一眼就看到我啊！不管我在哪里。"她俏皮地笑着。

上初中后，他像一颗闪耀的星星，每次代表学校到大城市参加钢琴比赛总能载誉而归。每当他抱着奖杯在归途的船上眺望小岛时，总能看到一个红色的身影蹦蹦跳跳，在码头上又喊又叫。

"皓宇哥哥，你好棒，你是世界上最棒的哥哥。"红色的身影从一个模糊的小点渐渐放大，到他逐渐看清她稚嫩的面孔，快跑上码头和她拥抱。

她的钢琴在他的指导下越弹越好，几年下来，从拙劣的单音《小蜜蜂》到《拜尔》，再到《卡农》，她总是很认真地练习他布置的作业。但她似乎更喜欢听他弹琴，总是晃着他的手央求他弹肖邦的《夜曲》。他弹琴的时候，她就坐在一旁聚精会神地听，有时一坐就是好几个小时，他总笑着对她说你要快快进步，这样就能自己弹给自己听了。

"你知道吗？《夜曲》就是心曲，弹的是内心灵魂深处的渴望。"有一次他这样对她说。

"那你的心曲是什么？"她仰着头问，一派天真，似乎对这句话似懂非懂。

"不告诉你。"他宠溺地刮了一下她粉粉的鼻头，"等你再长大点再告诉你。"

升高三那年暑假，他答应带她去看日出，就当是送给她的毕业礼物。凌晨四点钟，他们摸黑起床，借着手电筒微弱的光，一步步爬上岛上的最高点日光岩。因为平时总是挤满游客，虽然他们在岛上长大，却从来没有上去过。刚开始天色还是全黑的，路旁的枝叶树木像一幅太过浓稠的山水画，看不见一丝亮光，经过一条长长的缓上坡，到日光岩入口，是一条陡上坡，绵长的阶梯通往顶端。爬到一半，她不小心摔了一跤，膝盖渗出丝丝血红，他便背着她，爬到山顶。

　　当他把她轻轻放下时，天空已经开始泛白，光线很小心地一丝一丝渗入，直到橘红的太阳慢慢探出地平线，鼓浪屿在他们面前苏醒，两眼惺忪，仍带着浓浓鼻音。太亮了，对比刚才的漆黑，整座岛屿皆在他们脚下，一花一木尽收眼底。太美了！他想，这就是我们的家乡吗？一回头，他看见她也是满脸赞叹，嘴唇轻抿，眉宇间流露出一种娴静从容，长长的黑发披在身后，幼时的稚气已经渐渐消失，再也不是那个傻傻的天真样了。他不由得心头一动，才发现原来不知不觉中她也已经长大了。

　　之后，他便进入备战期，为了考取理想的音乐系，没日没夜地苦读着，他们之间见面的机会少了，他对她的关注却丝毫未减。他发现她上初中后把长发剪掉了，短短的细软发丝贴在两鬓，露出两只小巧的耳朵，把她的五官衬托得更秀气；也注意到她开始学弹整套《夜曲》，有时经过她家门口，便能听到叮叮咚咚的琴声泻出围墙；更看到她交了不少新朋友，男的、女的都有，常常成群结队走在一起嬉笑打闹。这让他心里一阵泛酸，仿佛打翻醋瓶子，似乎她仍是他的唯一，他却再也不是她的全部了。他开始有些看不清自己的情绪，这究竟是一种怎样的心态？

　　也许是练琴占用了他大部分的时间，一直以来他几乎没什么朋友。她的出现，在他心田播下种子，如今已开出一片花海，在他自己都不知道的情况下。后来他慢慢明白了，她就是他的《夜曲》，他内心深处的渴望。

　　高考后，他决定告诉她他的心意，他将肖邦的《夜曲》做了改编，准备约她到他们第一次见面的音乐教室。他相信，她一定能懂得他想倾诉在这首曲子里的情感。然后，悲剧就像火山爆发，没有一点预兆，就这样轰然发生了。

因为家中临时出了点状况，他耽误了赴约。等他气喘吁吁地赶到小学时，一切都已经晚了。漫天的火光吞噬整栋教学大楼，浓浓的黑烟翳入暗沉的夜色中，一簇簇火花像恶魔的爪子，不断从大楼的缝隙窜出来，一旁不断有围观的民众发出惊呼。

"哎呀！怎么会烧成这样？"

"好像是机房电线走火，烧掉了。"

"还好现在不是上课时间，不然我们家小朋友怎么办？"

"庭慧——庭慧——"他撕心裂肺地大喊着，一面心乱如麻地祈求，千万不要，她千万不能困在里面，正当他往火场里冲时，被刚抵达的消防人员阻止了。火光里隐约传来细微的琴音，是《夜曲》，他一下就听出来了，是庭慧。悠扬的旋律在此情此景下显得格外诡异，令人毛骨悚然。

"让我进去，她还在里面啊！我要进去找她，庭慧——"他的手脚被两三个消防员大力按住无法动弹，身边不断有人叫他冷静点。冷静，他要怎么冷静？他的庭慧还在里面啊！琴音只维持了不到三分钟就断了，他却什么也做不了，只能眼睁睁地看着细微的水柱和火焰搏斗，随着源源不绝的水跃进火海被一口口吞噬，他心中的希望也一点点烧成灰烬。

葬礼的哀音响起，敲木鱼的声音和诵经声回荡在小巷里，告别式的现场，一个又一个身着黑衣的人神色哀戚，她的相片在黄花的环绕中笑得很灿烂，像一朵最娇嫩的花蕾，却再也无法绽放。他躲在远处看许多人来来往往，她母亲哭红了双眼，消瘦的肩膀靠在她父亲身上不停地颤抖。他想上前说句抱歉，双腿却不听使唤，道歉有什么用呢？自己有什么资格得到宽恕？

这几天他不知道自己是怎么走过来的，脑子里都是那天消防队员找到她的画面，大火终于熄灭后，一具焦黑的尸体从钢琴的碎片下被拖出来，面额已经焦烂，无法辨出五官，全身流着可怕的脓疮。如果不是残破的一小块红色的裙摆，他根本不相信眼前的这个人就是庭慧。这个场景就如噩梦一般，在他脑海不停播放。

更讽刺的是，出事那天以后，他就发现自己再也没办法弹钢琴了，只要一坐上钢琴，手部便开始颤抖、痉挛，心跳急速飙升，胸口发闷喘不过气来。医生说是心理问题，身边的人也都安慰他这只是个意外，不要太自责。只有他自己知道，这根本不是意外，如果不是为了赴约，她根本不会身陷火海，根本不会在正灿烂的年纪就离开人世。他将大学音乐系的录取通知单撕碎，心都死了，自然也不用再弹琴了，况且听曲的那个人也不在了。

于是某天晚上，他决定永远离开了，一晃就是二十年。二十年来，他从来不允许自己过好日子，一个杀人犯有什么资格过上好日子？当初离开时，曾一度发誓再也不回来，他自己也没有想到，有一天他还会再度回到这里，这个承载太多快乐与痛苦回忆的地方。

渡轮靠岸的鸣笛把他的思绪拉回现实，他背起那个笨重的黑色长包，缓缓走下船。他这次之所以回来，只为了兑现当初那个承诺。

那纯粹是个意外的发现，她仅存的那截红色裙摆，被他一直视作生命般贴身珍藏着，只是从不敢拿出来细看，只要每天摸到它还在，就好像她依然在他身边不曾离去。因此当他有一天不小心遗失时，他彻底慌了，像一个发疯的傻子，不停地翻箱倒柜。他连街上的垃圾桶都翻过好几遍，最后终于在一间乐器行前的路灯下找到了它。

它就这样静静躺在光影中，原本鲜艳的红已经微微褪色，随便一阵风又会把它吹到另一个地方。他跪在地上，视若珍宝地将它捧起，翻来覆去地检查着，才发现早已破烂不堪的布上，竟然有一行模糊的、奇异笔写的小字。

"皓宇哥哥，想再听你弹一次《夜曲》，却不能……谢谢……"

眼泪啪搭啪搭地滴在那截红色裙摆上，把原本就不清楚的字迹弄得更糊。他一个大男人就在路灯下，哭得像个三岁娃娃。他明白，他确实欠她一首夜曲，那天失信的赴约，必须实现。

他花了许多时间克服他对钢琴的障碍，一开始，他还是无法控制自己的恐惧，只要一敲琴键，那些噩梦就向索命鬼一样逼得他无法呼吸。但他一遍遍地告诉自己，这是庭慧生前最后的心愿，一定不能再爽约，一定不能。于是，在这个她离开人间第二十年的晚上，他回来了。

漆黑的巷道，他靠着微弱的灯光摸索着，他很讶异自己竟然没有忘记鼓浪屿上错综复杂的路，脚踏在土地上有一种很不真实的感觉。不知过了多久，他走进一片墓园。高高的芒草迎风而立，偶尔几声动物的鸣叫在夜色中显得特别悲凄。在一片高高低低的石碑中，他一眼就找到了她，小小的砖头依旧和当时下葬的时候并无不同，然而经过时光的淬炼，砖头上方早已布满青绿的苔藓和灰尘。

他用袖子轻轻拂过砖头上细碎的裂纹，打开身后黑色的大长包，从里面拿出一台电子琴。失而复得那截红裙角那天，他用所有的积蓄，买了这台电池式的电子琴，他用微微颤抖的双手拂过琴面，打开电源开关，就在她面前席地而坐，生疏的弹起他改编过的那首《夜曲》。

一遍，一遍，又一遍，他渐渐找回了失去的手感，安宁温暖的琴声，诉说着爱与愧疚，回荡在空旷的墓地。弹着弹着，他感觉到有一股暖流慢慢注入胸口，早已死去的心竟又怦然跳起舞来，像是初恋的悸动。月光下，他仿佛又看见她一袭红裙迎风而立，嘴唇微动，笑得比花还要灿烂。

"皓宇哥哥，谢谢你，你也要好好对待自己。"清脆如风铃的嗓音，他很确信她会这么说。

▲ 向周梁泉馆长赠书

▼ 五通码头离别

福建之旅中，我带回……

□ 吴宜湘（台湾台北市方济中学）

祖国大陆，是一个陌生又熟悉的地方，我无法理解祖先们"渡大海，入荒陬，以拓殖斯土"前所赖以维生的大地之母是何模样，也很难去想象课本中余光中或琦君所心心念念的故乡究竟是什么概念，但各种文学作品总会不断地向我们后代人倾诉对中国大陆的记忆与情感。于是，趁着这个暑假，我决定把握机会，踏上这片大陆，用我的眼、耳、全身的感官，去亲身感受它。

旅途开始

仰望着一整片天空，我在蓝灰灰的破晓时刻准备要离开家乡，开始一趟未知的旅行。说不出心情如何，有点儿紧张、有点儿兴奋、也有点儿不知所措，还有点儿未离开就想家了。无论如何，之后飞上天际的初次体验攫住了我所有的心神。回想平日在学校，时不时会看到几辆飞机掠过后山，我总会好奇他们在上头是什么样的感觉。而现在的我换成了飞机里的人，在天际线之上以新鲜的角度俯瞰着熟悉的土地，内心荡漾着阵阵惊喜。在这惊喜中，我飞过了学校，也飞过了台北，飞往未曾踏上的岛屿——金门。从金门的码头乘上渡轮，我们一行人在海波里摇摇晃晃地驶向大陆，并为七天之旅拉开了正式的序幕。

参观同安孔庙

未曾想到，还没有拜访台南孔庙的我竟先踏进了同安孔庙的门。自小学习台湾史的学生都知道，郑氏家族统治台湾的时候，陈永华为了振兴教育，在台南兴办全台首学，但鲜有人知陈永华曾居同安。当年陈永华的父亲在清兵入关并攻破同安城后，于同安孔庙的明伦堂自缢殉国。满怀亡国之恨的陈永华在替父亲下葬后投奔郑成功。来到台湾后兴建的台南孔庙，不少设计都有同安孔庙的原形在。而同安孔庙的创建者是我们都认识的朱熹，宋代的理学集大成者。基于这些原因，同安孔庙在我们心中更是亲切了不少。孔庙大成殿内的两边，是孔子著名的几位门生，加上朱熹的立像。看着各个立像及横梁上的各个匾额，想起《论语》里种种人生智慧，连现代才出现的资源问题早就在孔子的"钓而不纲，弋而不宿"中获得了回应。难怪直至今日，儒家经典仍是中华文化的核心和骄傲了。

登上鼓浪屿

踏上这座美丽小岛前，所有人都要通过严格的安检。原以为小题大做的我，却在登上小岛后不自觉地放轻脚步，甚至觉得安检都

▲ 7月20日，讲解员为同学们讲解孔庙历史

太过简单了，因为我生怕扰了这岛屿的美好。这座刚刚成为世界文化遗产的小岛吸引众多的观光客慕名而来，熙熙攘攘伴随着纷扰的喧哗，如同利刃割开长久的静谧，却抵不过这充满底蕴的小岛抚慰人心的力量。只需要一小方宁静，就足以抚平所有人内心的烦躁。漫步其中，两旁的民房多是西式风格，也有不少闽式元素的建筑，中西合璧的原因是这里曾为公共租界区，所以可以看到多个国家的

领事馆，他们就地采用当地的建材，盖出自己国家的风味。而当时全面西化的日本，也盖了一座西方风格的建筑，只在那四方小窗中显示日本的东方特点。鼓浪屿处处都能让你感受到中国的含蓄及西方的优雅，相较于厦门岛的现代摩登，这里仿佛把民国初年的幽静自时光中毫无遗漏地保留到现在，莫怪上岛的旅客如此之多了。

众多建筑中，我们拜访了菽庄花园，花园的主人是耳熟能详的雾峰林家。林家的林尔嘉先生在甲午战争后为了避免受日本人的统治而迁居于此，站在入口抬头便会看到"菽庄"二字的匾额，听过导游的讲解才知"菽庄"取自林尔嘉先生的字"叔藏"的谐音。走进园内，放眼尽是苍绿的庭树，而院子的后方却和一般的人家不同，竟是一整片的岸石，正相符了花园临海的特点。院子的池子上当然少不了南方人家皆有的小桥步道。不过，随着迂回曲折的蜿蜒小桥走出内园会发现，外头的景色更吸引人，是整片鼓浪屿外的海。你当然可以坐在亭子里面欣赏整片的海景，桥下的岩石营造出海岸的壮丽景致，而当年的林尔嘉先生便常于桥上各个小亭饮茶吟诗，怀念台湾的点点滴滴。菽庄花园既纳入南方人家的流水写意，又包含了附近的雄浑海景，这设计不可不谓颇具巧思而又融合得恰到好处。

大地土楼群

草帽姐头戴一个斗笠，斗笠边缘缝上花布替脖颈遮挡阳光，身上穿着蓝色的衣衫，她是大地土楼蒋氏家族的媳妇，为我们娓娓道来土楼的生活及结构。

二宜楼是土楼群里最完整的一座，是经过蒋家三代人胼手胝足的成果，黑瓦黄土堆砌着蒋家人安居此地的期待。二宜楼大门并不是直接连着楼内的，为的就是在外贼入侵要火烧门时可以直接灭火，预防整栋付之祝融。楼内的天井也有苹果形的排水孔，可使二宜楼在水灾时避免楼内淹水，苹果的造型则是祖先祝福族人们在楼里能"平平安安"。这座土楼，哺育着世世代代的族人，也保护家族抵抗了三次山贼的侵袭。家族昌盛时，共有四五百人一起居住在此，随着时代演变，放眼整个村落，整个土楼群只剩不到一百人还住在附近，多数蒋家人也搬离土楼另盖了平房居住。这座土楼，静静地矗立着，轻轻地、温柔地不断向人们诉说着那过去的繁华与热闹，我也仔细地摸索着墙上的痕迹，去想象前人在此的生活。

曾经，我不觉得土楼有什么特别的，充其量不过是座巨大的碉堡。直到站在土楼前，我告诉自己犯了多大的错误，地理课本上的精美图片，比不上土楼本身给我带来的冲击与震撼，正如张爱玲女士说过的话："像我们生长在都市文化中的人，总是先看见海的图画，后看见海；先读到爱情小说，后知道爱；我们对于生活的体验往往是第二轮的，借助于人为的戏剧，因此在生活与生活的戏剧化之间很难划界。"我的日子中对于这样雄伟之美的经验太过贫乏了，贫乏到我以为看过图片即是看过全貌了。此时此刻，站在土楼前，我了解到：有一种美，充满着温柔朴实，她没有金碧辉煌的雕饰，她也没有必要精雕细琢，但她却需要坚固安稳；她承载着一种名为爱的美，因为她是一个家族为了家人及后辈而兴建的保护伞、避风港，是家族对未来生活的盼望与爱。

后　记

祖国大陆之旅，对我来说不像"寻根之旅"，我并没有祖先传承的怀乡情结，只恰若一张白纸想要按图索骥，在大陆寻找先辈们对于故乡的记忆，那存在文学中，也存在文化中的记忆。然而，在鼓浪屿上、在土楼群中，我竟还找到了更珍贵的宝物——安稳，那是一种归回尘土、归回自然的安稳，是带有乡土感的农村或是带有时代感的小岛封存着的礼物，也是我不曾在都市的现代前卫中体会过的。我没有陶渊明"心远地自偏"的本事，却在旅行中带回一方安稳，镶在我的记忆中，直到此刻，余韵我梦。

心之土楼

□ 谢德宽（台湾彰化高中）

梦里，土楼吸足了月光的色彩达到饱和，自颠簸的丘陵地春笋似的长起，将周边层层叠起的梯田，沉淀为浮光跃动的河阶。

而土楼上，你坐着，透过狭长的木头窗看着风景，我站在楼下抬头看你；月光装饰了你的眼眸，你装饰了我的寂寞。

我始终相信，在每个人心头深处，都暗藏着这么一座土楼。土楼平时紧闭，只有在白昼将近、彼此信任之际，才敞开大门，让离人与归人往来于其中。而我们穷极一生，便是为了寻找这样一座土楼，信步街巷，来去高楼，跳脱空间，穿越时空，寻找心灵同温层的朋友。

"哈啰，不好意思。"

一句话语打破了沉默，将两个不认识的人，于此刻拉到了世上最近的距离。

"最近我想找一些朋友一同分享书单，不知道你有没有兴趣？"
女孩的眉纠结成一个疑惑的形状，为什么找我？我仿佛听到女孩心里头如是说道。

"我很好奇生活在不同地方的人，看的书会有什么不同。如果我们交换书单，那么回去以后，我们就可以阅读彼此推荐的书喔！"

"好吧。"

"那我们交换一下微信！"

在营队活动期间，我几次与身旁生疏的伙伴攀谈起来，怯怯地，脸上佯装的笑容遮不住些微颤抖的声音。

对话，从无到有；交流，从不习惯到理解与包容。于是一连串类似"你是嘉女毕业的吗？我妈也是，她是你学姐耶"之类莫名其妙的内容遂沿着舌尖漫溢而来。淹过脚踝，淹过膝盖，到最后淹没了整条街。而整群人便这般浮上浮下。看不见的鲸鱼与海豚在身旁来回游着，从人们头上游过，一拍尾，遂将浪花打成了山林，波浪凝结为一座座起起伏伏的东南丘陵。

游览车是一条海鱼，沿着公路自厦门逶迤游向百里外的漳州华安，当丘陵浩浩荡荡如巨浪般迎面袭来，鱼就这么从底部钻一个洞口溜了过去。

我拾笔写起印着鼓浪屿字样的明信片，每当穿越山洞，面前一片漆黑，便收起笔凝视窗外闪逝而过的照明灯，一朵朵水母似的迅速漂移而过。这样反反复复折腾下来，一个钟头我居然只写完了一张卡片。

而山洞的另外一头，是土楼。

小时候对土楼的印象只停留在小人国乐园里那座浴缸大小的土楼模型，只要装满水，坐进去，就能成为让洗澡水流出的阿基米德。

而在阅读土楼介绍之时，还是引起我对这类客家建筑的兴趣。

为了防止山贼进入，土楼伸出古铜色有力的双臂，将整座村落围成一个坚固的圆，与世隔绝。地上四层楼才开窗，地下两米加墙。如果不是楼里的人主动开门，楼外的人是无论如何也进不来的。

而每个人心中也都有一座土楼，如果不是自愿打开，外人是无论如何也进不来的。

据导览老师说，真实土楼的厚度约两米，以花岗岩与鹅卵石为基底。

烈日下，伸手一摸，感到格外刺烫，红透的手指连忙缩了回来。

吸收过多紫外线辐射的土楼墙壁，膨胀开来，就像是铁锅上滋滋作响的烧饼，凹凸不平的表面上冒出了阵阵热气，铁锅旁的师父将一片又一片的烧饼逐渐堆栈成塔，压缩，成为一块密度堪比金刚石的厚重饼皮，一道即使我挥舞早已变为泥鳅的铁锹乒乒乓乓敲打一个月，也不见得能成功挖出一条通道的墙。

而比那更深的是每个人心中土楼的那道墙，只要对方不愿意，即便再努力敲打，也无法进入的墙。

我想到孙悟空一次又一次地翻着筋斗云，总以为自己已经跳脱了如来的掌心，却始终不曾穿越。那情景，着实可悲。

实际上，每个人内心的土楼之墙，并不只是一道墙，而是如洋葱般一层层地包裹着。如同阿信所作的词：

如果你愿意一层一层
一层地剥开我的心
你会发现，你会讶异
你是我最压抑最深处的秘密

圆心是遥不可及的，一如活神木，将自己的年岁逐渐化作一圈又一圈的同心圆，无止境地循环在循环程序里。

但是我们仍试着更了解彼此，试着走过对方心中土楼的下一道

墙，即便那像座缭绕迷雾般的迷宫，让人难以摸透。

而我，也曾经与别人分享心中的土楼。

在那个窗外灯火迷蒙的夜晚，房间里的喧嚣随着脚步声离去，消音在空旷的饭店走廊。我与男孩讲起了彼此的过去。

男孩的父亲经营着一笔生意，童年时，他常懵懵懂懂被带着，参加许多聚会与餐宴。然而，意外的是，过了一阵子，聚会渐渐变少了；再过一阵子，他渐渐不用参加了。取而代之的是，父亲整日在外奔波试图挽回濒危的事业的身影，在男孩的生活中反复上演。

一日，放学回家，父亲沉重地开口："要搬家了。"

搬去哪里？离开厦门吗？

男孩知道将要离开熟悉的朋友圈，到一个全然陌生的地方，他沉默了。对于家里面对的生活状况，朋友只是一个不足挂齿的小事。

但是，自那天起，他开始疏远他的朋友，同时，也疏远了那位与他互有好感的女孩。

听说，那位女孩还曾经来找他过几次，他都避而不见。

"你会后悔吗？"我有点好奇。

"我不知道她这么优秀，为什么会喜欢这样的我？"

"你觉得我是怎么样一个人？"突然，我问起了男孩对我的印象。

"开朗有自信。"

"那你会相信我小学时曾经被排挤吗？"

我没有说，当时我还被同学推倒在地，他们穿着布鞋重重踩踏着我穿着校服的胸口。有一刹那，我一度以为自己胸骨会被踩碎，像美术教室被撞碎的石膏像散落一地。

"后来，我遇到一位对我很好的女孩。她让我重新对生活充满热情。甚至，她还陪我竞选学生会会长。因为她，我的世界有很大的不同。"

我不记得那晚的最后，我们又谈了些什么。或许是毕业歌，或许是明信片，又或许根本就没谈，毕业歌和明信片都只是我的想象。

但是，我还记得，男孩后来躲进了浴室，很长一段时间没有出声。

那夜，我望着熄灯后的天花板，浮动着窗外透进来的月光，像海面一般，上上下下地缓缓起伏。

第一次，我感觉自己漂过了台湾海峡，听见了来自彼岸的心跳声。

恍惚间，远方一个人的生命似乎与我距离很近很近，很逼真，很写实，仿佛只要伸出手指，便能触摸到彼此的内心脉络。一幕幕的场景，如流水般，缓缓从我身上流过，自额头、胸口流向脚踝，我就像一叶扁舟，在记忆的洪流里载浮载沉。

梦里，晨曦缓缓地自丘陵那头升起，白马似走过天亮的时分。

土楼上，人依然坐着。

而这次楼下的大门，嘎嘎作响，缓缓敞开。清冷的空气弯下腰身，将曙光铺成一道通往楼内的地毯，欢迎归人，也欢迎过客。

你，愿意进去吗？

▲ 留言留念

初 见

□ 姚俐安（台湾德光中学）

乘着船，心随波涛，起起伏伏，浮浮沉沉。浪的那一头，无形的炭笔缓缓勾勒出印象里朦胧的天际线，再由艳阳染上墨彩。

拖着沉重的行李，轻快地踏上大陆的第一步，嘴角上扬。你好，厦门！多么有幸，在最美好的年华里遇见你。

汇 流

厦门第一站，台湾青年双创基地。舒适的格局，每一处角落都藏着巧思与创意，遍布前辈们的辛勤及决心，扁舟渡海在这座美丽的岛屿上生根落地。而我们，也在此迎来了和学伴们的相识，眼神汇流的刹那，默契绝佳的一笑，两手相牵，掀开一切序幕。

老院子景区餐厅，穿过灼灼桃花入堂就座，面对席上一派油光闪烁，陌生在空气里凝结。蓦地，组员欧阳举杯，大家亦各自效仿，玻璃相击，清丽清脆，错落间，是传奇缘起的声音。

山　河

　　轰隆之声不绝，巨石自中间崩裂，一只只恐龙先后蹿出舞台，《闽南传奇》秀，引领观众探寻闽南根源。

　　忽地，一阵石群陨落，抹去爬虫王者生迹，又接起了蛇鹭之争。纯白的羽翼和蛇鳞于漫天火光里时隐时现，一番激烈缠斗后，白鹭胜出，观众席上浮现一位绒羽灿金的舞者，两翼优雅地扬落间，鹭岛厦门诞生。

　　场景变换，眼前一座城墙巍然屹立，数名士兵来回巡走，昏黑夜色里，我的思绪随着渐渐绷紧的乐音，溯回1662年的那一夜——郑氏攻台。

　　炮火连连炸响，带着毁天灭地的威力砸向石墙。郑家军自鹿耳门水道登岸，高举旗帜，骑着快马、推着炮台来回穿梭。兵戈相交，转瞬间，无数士兵倒地，只余一人颤巍巍地立在桥头，背后是堆积成山的尸首，以及破败不堪的城墙。我看见漫漫火光染红了云天，映上了那人的脸庞，无可奈何地，灼痛了我的眼眶。向着遍地骸骨，那人仰头，一声撕心裂肺的痛吼破胸而出，是踏过累累战友白骨迎接胜利的绝望，带着震撼人心的生命力量传入耳中，令人心头重重一震。虽然早已知晓战争是历史的必然，亦是人类文化血脉传承与扩散的可能，可看到一将功成万骨枯的惨烈，眼泪仍是猝不及防地落下来。

　　而后，胜利的号角吹响，一面面"郑"字旗在城墙上扬起，数名士兵拉起一块巨幕，在城门前缓缓展开——那是一面巨大的"郑"字旗。火红的底色，耀金的笔触，边角破损，上头溅有血迹，新旧斑驳如泼墨。我顿悟，那不仅是一面军旗，更是郑氏传奇，以血汗染就的一幅山河无疆。

群 龙

微风，散云，艳阳天。阳光映得青山更翠，水色凝碧，却直要将人烤得流油。

放眼远望，连绵山脉环绕下，一座座土楼昂然而立，或方或圆，宛若蟠龙。这华安龙群盘踞于此已余百年，周围零星的古厝和大片菜田茶园，在寥寥木槌捣糖声中，别有几分世外的宁静简朴之美。

我缓步行近龙群之首"二宜楼"，细细观看。结实的巨大土块重重围绕住上百户人家，经过百年的日照雨蚀，早已没了土腥气，却是如昔地将居民护在冬暖夏凉的稳固怀抱里，隔绝了安全隐患，亦保留了农家乐最纯净的氛围。

走入土楼内部，古人细节里的智慧更是令我惊叹连连。从木门的选材、防火、防盗；土楼内的采光、通风、排水；到居民的御敌、密道、水源，每一个不起眼的建筑元素，都融以千百回的推敲算计，再以好几代人的气力堆筑而成的夯土建筑之传奇。我捧着居民招待的铁观音，碧色茶汤注入白瓷小杯，清远的茶香萦绕轻雾袅袅上升，氤氲了土楼人家爽朗真诚的笑脸，舌尖的回甘，是偷得浮生闲的小小幸福。

传 奇

晨间的阳光穿过落地窗前薄薄的白纱帘子，柔柔地洒上我的脸庞。缓缓睁眼，我侧过头，发现床头柜上多了个小袋子，里头摆着零食玩具，还附了一张小字条。仔细读着纸上俏皮得几乎要跃出纸面的字句，时不时瞥一眼另一张床上抱着被子睡得正香的小伙伴舒尹，嘴角不自觉地噙了丝笑意。可笑意尚未抵达眼底，就又化成了烟雾似的伤感，萦绕心头。这是和大家相处的最后一个早晨了。

分离，是为了下一次相逢，但人们总是偏爱后者，就像偏爱红花更胜于绿叶。

在五通码头，每个人的唇边都含着笑意，一分释然，三分欢意，三分不舍，三分苦涩。

登船广播还是响了。慢慢走向海关，手边的箱子一步比一步更沉。我伸出手，用指尖轻轻碰了碰学伴们努力尝试着越过通道隔板的手掌，咬牙踏过入口，再也没有回头。

海水的咸涩迎风拂来，午后的阳光将海面镀上一层薄金，浪花一拍，就激起点点流萤。

此时一分别，相见知何日？

可转念一想，七日来的欢声笑语早已深烙于心，彼此的生命，也有了那么多不同。也许我们将再次重逢，又或许已是永别，但我们都已在彼此的生命港湾里，留下一道流光，浪花一翻，即扬起一片灿金，每一分绚烂都是自己生命中动人的传奇。

后　记

　　第二届海峡两岸青少年共享阅读活动由国家新闻出版广电总局、福建省人民政府主办，福建省新闻出版局承办，厦门市文化广电新闻出版局、福建省出版物发行业协会、台湾中华青年交流协会协办，厦门外图集团有限公司、外图（厦门）文化传播有限公司策划执行。活动以"中华经典·照亮未来"为主题，组织海峡两岸40名大中学生在厦门、漳州、泉州、福州开展为期一周的结伴交流中，共读作家林语堂的《生活的艺术》和作家余光中的《听听那冷雨》两本书，让两岸学生分享读书心得体会，感受中华传统文化魅力，体会闽台文化的历史渊源，领略福建省经济快速发展的新面貌。活动结束后，两岸青少年将自己此行的所思所想所感，抒写成一篇篇文章，组委会将其结集成册，以飨读者。

　　海峡两岸青少年共享阅读活动已经成功举办两届，这个活动之所以能够越办越好，受到海峡两岸青少年学生的欢迎，是因为这个活动接地气，符合两岸青少年学生相互交流的强烈意愿。为了活动圆满举行，主办、承办、协办单位和策划执行机构做了大量的组织和保障工作，特别感谢台湾中华青年交流协会的倾力配合，精心组织20名台湾各个地区的优秀学生参加此次活动。

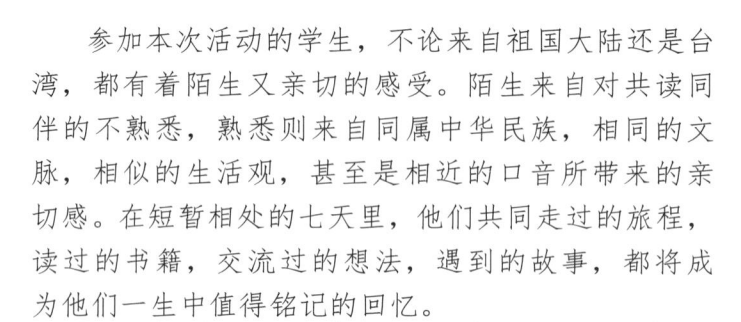

参加本次活动的学生，不论来自祖国大陆还是台湾，都有着陌生又亲切的感受。陌生来自对共读同伴的不熟悉，熟悉则来自同属中华民族，相同的文脉，相似的生活观，甚至是相近的口音所带来的亲切感。在短暂相处的七天里，他们共同走过的旅程，读过的书籍，交流过的想法，遇到的故事，都将成为他们一生中值得铭记的回忆。

我们始终相信，通过共读中华经典，可以加深两岸青少年的相互了解和认识，建立互信，携手共进，让两岸青少年真正肩负起民族振兴的历史重任。